Manuel

SYSTEME

Méthode de français pour débutants

Guy Capelle

L. G. Alexander

Roy Kingsbury

Longman

2

Table des matières

4

DOSSIER 1 Votre nom, s'il vous plaît?

1.1
Recopiez et remplissez la fiche ci-dessous, puis remettez-la au professeur:

Nom de famille:	....
Prénom:	....
Age: .... ans.	
Nationalité:	....
Classe de français:	....
Jour(s) et heure(s):	....

1.2 Dialogue Ω
Au bureau d'accueil d'une conférence une participante va retirer son dossier. (étranger/étranger)

LE SECRETAIRE	Bonjour, Madame. Votre nom, s'il vous plaît?
LA DAME	Cousin. Je m'appelle Sylvie Cousin.
LE SECRETAIRE	Cousin. Vous êtes Madame Cousin. Voyons, Collet . . . Corot . . . Cousin. Ah, voilà votre dossier.
LA DAME	Merci, Monsieur.

1.3 Exercez-vous en situation
E1 arrive à l'endroit où se tient une conférence à laquelle [il] va assister. [Il] s'adresse d'abord au secrétaire qui est à l'entrée.

```
M.    LALANNE, Jean       ✓
Mme   LABARRE, Irène      ✓
Mlle  LANGLOIS, Janine    ✓
Mme   MASSON, Hélène
M.    MOULIN, Jacques
```

E2 Bonjour, Monsieur/Madame/Mademoiselle.
E1 Bonjour.
E2 Votre nom de famille, s'il vous plaît?
E1 [Moulin].
E2 Et votre prénom?
E1 [Jacques]. Je m'appelle [Jacques Moulin].
E2 Merci, [Monsieur Moulin].

1.4 Exercez-vous en situation
Deux personnes qui ne se connaissent pas ont rendez-vous dans un hall d'hôtel.

E1 Pardon, [Mademoiselle]. Vous êtes [Mademoiselle Besson]?
E2 Non, [Monsieur]. Je m'appelle [Bresson].
E1 Oh, pardon. Mais oui, [Bresson].
   [Mademoiselle Hélène Bresson].
E2 C'est ça.

2.1 Dialogue 🎧

Madame Combe attend la visite d'un agent d'assurances qui lui a demandé rendez-vous par téléphone. (étranger/étranger)

L'ASSUREUR	Bonjour, Madame. Monsieur et Madame Combe, c'est bien ici?
MME COMBE	Oui, c'est ici.
L'ASSUREUR	Vous êtes Madame Combe?
MME COMBE	Oui, c'est moi.
L'ASSUREUR	Mes hommages, Madame. Je m'appelle Bastier.
MME COMBE	Entrez, M. Bastier.
L'ASSUREUR	Merci, Madame.

2.2 Exercez-vous/Parlez de vous

E1 va attendre quelqu'un qu'[il] ne connaît pas à l'aéroport. [Il] arrête E2, un passager, et lui demande son nom.

1. E1 Pardon.
   Vous êtes bien [M. Paul Cousin]?
   E2 Non. Je m'appelle [Serge Bastier].
   E1 Oh, pardon.

2. E1 Pardon.
   Vous êtes bien [Mlle Bresson]?
   E2 Oui, c'est moi.
   E1 Je m'appelle [Jacques Moulin].
   Bonjour, [Mademoiselle].
   E2 Bonjour, [Monsieur].

2.3 Ecoutez et parlez 🎧

Vous allez entendre six phrases. Inscrivez le numéro de la phrase entendue sur le dessin qui lui correspond. Ecoutez de nouveau et réagissez à la phrase comme il convient.

3.1 Regardez et parlez

a. **Apprenez les nombres de 0 à 30.**

b. **E1 commence aujourd'hui à travailler pour une nouvelle société. Le chef du personnel, E2, auquel *[il]* s'adresse en arrivant, lui indique le numéro de son bureau et le numéro du téléphone intérieur.**

Nom	Bureau	N° tél
M. Roux	1	11
Mme Estet	2	12
Mlle Leblanc	3	13
M. Paillet	4	14
Mme Labarre	5	15
M. Colin	6	16
Mlle Tissot	7	17
M. Couturier	8	18
Mme Vaillant	9	19
M. Tardieu	10	20

1. E1 Bonjour, *[Monsieur]*.
   Je m'appelle *[Roux]*.
   E2 Ah, oui. Bonjour, *[M. Roux]*.* Votre bureau est le numéro *[un]*.
   Numéro de téléphone de votre bureau, le *[onze]*.
   E1 Merci, *[Monsieur]*.

2. E1 Bonjour, *[Monsieur]*.
   E2 Bonjour.
   Vous êtes bien *[M. Roux]*?
   E1 Oui, c'est moi.
   E2 *[M. Roux . . .]* bureau *[un]*.
   Numéro de téléphone, le *[onze]*.
   E1 Merci.

3.2 Exercez-vous en situation

E1 fait un mauvais numéro.

Vous pouvez utiliser ces numéros:

E1 (*[il] compose le numéro*) *[Un, cinq, trois, zéro, deux, sept]*.
E2 Allo.
E1 Allo. C'est bien le *[15.30.27]*?
E2 Non, ici le *[15.30.26]*.
E1 Oh, pardon. C'est une erreur.
E2 Ce n'est rien.

23.12.27
14.21.12
10.22.15
24.09.16

3.3 Exercez-vous/Parlez de vous

E1 téléphone à un(e) de ses amis, E2.

E1 (*[il] compose le numéro*) *[Deux, trois, deux, neuf, un, neuf]*.
E2 Allo. Ici le *[23.29.19]*.
E1 Allo. C'est vous, *[M. Roux]*?
E2 Oui. Qui est à l'appareil, s'il vous plaît?
E1 C'est moi, *[Marie]*.
E2 Oh, bonjour *[Marie]*.
E1 Bonjour, *[M. Roux]*.

Reproduisez le dialogue en utilisant le nom et le numéro de téléphone de gens que vous connaissez.

3.4 Retenez l'essentiel Ω

Lisez les questions ci-dessous, puis écoutez l'enregistrement et mettez un √ dans la case correspondant au numéro entendu.

1. Quel numéro est-ce qu'il compose?
   a. 15.30.29 ☐
   b. 21.12.07 ☐
   c. 15.30.27 ☐

2. Quel est le numéro de la femme?
   a. 21.30.29 ☐
   b. 15.30.17 ☐
   c. 15.30.22 ☐

3.5 Improvisez

1. E1 arrive à l'hôtel et donne son nom au réceptionniste, E2. E2 lui demande son prénom et lui indique le numéro de sa chambre (**donnez le mot** chambre).
2. E1 téléphone à son ami(e), mais se trompe de numéro et s'excuse.
3. E1 va chercher E2, Monsieur Corot, à la gare. E1 ne connaît pas Monsieur Corot.

4 Résumé
4.1 Dans ce dossier, vous avez appris comment on

1. salue les gens plus ou moins familièrement: Bonjour, Monsieur/Madame/Mademoiselle.
2. attire l'attention de quelqu'un: Pardon?
3. s'excuse: (Oh), pardon.
4. demande son nom à quelqu'un: Votre nom?
5. donne son nom: Je m'appelle [Hélène Bresson].
6. demande à quelqu'un de confirmer son identité: Vous êtes bien [Mademoiselle Bresson]?
7. confirme une déclaration: C'est ça.
8. invite quelqu'un à entrer: Entrez.
9. répond au téléphone en demandant de s'identifier: Allo, qui est à l'appareil?
10. s'identifie au téléphone: Allo, ici [Jean Dutour].
11. s'excuse quand on a fait un faux numéro: Oh, pardon. C'est une erreur.
12. met à l'aise la personne qui a fait une erreur: Ce n'est rien.
13. salue une femme qui vient de vous être présentée (formule très polie): Mes hommages, [Madame].
14. remercie: Merci.

4.2 Et vous avez utilisé

1. des formes du verbe 'être' au présent (est, êtes): C'est moi. Vous êtes [Mademoiselle Bresson].
2. et les pronoms personnels 'je', 'vous', 'moi': Je m'appelle [Bastier].
3. l'article défini 'le' et l'article indéfini 'une': C'est le [12]. C'est une erreur.
4. la préposition 'de' pour marquer l'appartenance: Votre nom de famille?
5. l'adjectif possessif 'votre' (même forme au masculin et au féminin): Votre nom?
6. la forme 'c'est' + nom ou pronom: Oui, c'est moi.
   'c'est' + adverbe de lieu: C'est ici.
7. des noms au masculin et au féminin.
8. le pronom interrogatif pour les personnes, 'qui': Qui est à l'appareil?
9. Je m'appelle . . . (à considérer comme une formule à ce stade): Je m'appelle [Bastier].
10. l'adverbe de renforcement 'bien': C'est bien ici? Vous êtes bien [Madame Cousin]?
11. Les nombres de 0 à 30.

DOSSIER 2   Comment allez-vous?

1.1   Dialogue 🎧

M. Coste et Mme Leroy sont voisins. M. Coste a entendu dire que la mère de Mme Leroy était malade et il lui demande de ses nouvelles.

MME LEROY Bonjour, M. Coste.
           Comment allez-vous?
M. COSTE   Ça va bien. Merci.
           Et vous, vous allez bien?
MME LEROY Je vais bien, merci.
M. COSTE   Et votre mère?
MME LEROY Elle va très bien maintenant.

1.2   Exercez-vous en situation

Deux amis, E1 et E2, se rencontrent dans la rue.

E1 Bonjour [Claudine]. Comment ça va?
E2 Bonjour, [Paul].
    Ça va bien, merci.
    OU Je vais très bien, merci. Et vous?
E1 Moi aussi, ça va très bien. Merci.
    Comment va [votre père]?
E2 [Il] va bien, merci.

Demandez de la même façon des nouvelles des autres membres de la famille:
mère/père;   femme/mari;   fille/fils;   sœur/frère.

1.3   Dialogue 🎧

Au cours d'une réunion, M. Pinot présente sa femme à son collègue M. Fauvel, qui ne la connaît pas encore.

M. FAUVEL   Bonjour, comment ça va?
M. PINOT   Bien, et vous?
            Vous connaissez ma femme?
M. FAUVEL   Non.
M. PINOT   Aline, Monsieur Fauvel.
M. FAUVEL   Mes hommages, Madame.
MME PINOT   Enchantée, Monsieur.

1.4   Improvisez

Vous allez à une soirée avec deux ou trois membres de votre famille. Cette soirée est assez guindée. Vous ne connaissez aucun des autres invités. Vous vous faites connaître et vous présentez les membres de votre famille.

2.1 Dialogue 🎧

Marc et Delphine se sont rencontrés il y a quelque temps sur un court de tennis. Ils bavardent.

MARC   Tiens, voilà Odette.
DELPHINE Qui est-ce?
MARC   C'est une amie.
DELPHINE Et qui est ce monsieur?
       Son mari?
MARC   Non, ce n'est pas le mari d'Odette. C'est son frère.

2.2 Exercez-vous en situation

Deux amis, E1 et E2, assistent à une soirée. E1 ne connaît personne et interroge E2.

1. E1 Qui est cet homme?
   E2 C'est [Michel Lacaze].
   E1 Et cette femme, c'est sa [femme]?
   E2 Non, ce n'est pas sa [femme].
       Je crois que c'est sa [sœur].

Utilisez: femme/sœur/fille/mère.

Reprenez le dialogue en utilisant
mon/ma **et** votre

2. E1 Qui est cette femme là-bas?
   E2 C'est [Irène Roux].
   E1 Et cet homme, c'est son [mari?]
   E2 Non, ce n'est pas son [mari].
       Je crois que c'est son [frère].

Utilisez: mari/frère/fils/père.

   E1 C'est votre [frère]?
   E2 Oui.
   OU Non, ce n'est pas mon [frère].
       C'est mon [mari].

2.3 Ecoutez et écrivez 🎧

Vous regardez la photo ci-dessous avec M. Rousseau. Les personnages ont tous un numéro. M. Rousseau vous dit qui ils sont dans l'ordre. Au fur et à mesure qu'il vous les présente, prenez note. Par exemple: N° 1 — sa femme.

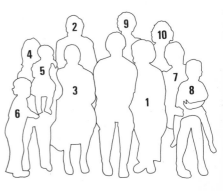

3.1 Lisez et parlez

a. **Apprenez les chiffres de 31 à 91.**

b. **Etudiez l'alphabet.**

c. **E1 aimerait connaître l'adresse et le numéro de téléphone de quelques personnes. E1 demande à E2, qui dispose d'un bottin, de chercher le nom [Rousseau].**

Nom	Adresse	Numéro de téléphone
Rousseau J.	5, rue Blomet	26.51.29
Roussel C.	23, rue Cardinet	27.64.48
Rousset M.	17, rue Rodin	04.16.32
Roussin A.	12, rue Raspail	48.27.63
Roustan D.	29, rue Voltaire	71.59.36
Routier G.	18, rue de Rennes	22.91.47
Routy J.	24, rue Daguerre	48.52.31

E2 [Rousseau]?
E1 Oui, [J. Rousseau].
E2 Quelle est son adresse?
E1 [5, rue Blomet].
E2 Comment ça s'écrit?
E1 [B...L...O...M...E...T].
E2 Et quel est son numéro de téléphone?

3.2 Exercez-vous en situation

E1 va s'inscrire à un club où on parle français. Le secrétaire, E2, lui demande son identité. Exercez-vous avec les noms et les adresses donnés en 3.1.

E2 Quel est votre nom, s'il vous plaît?
E1 [Rousset].
E2 Comment ça s'écrit?
E1 [R...O...U...deux S...E...T].
E2 Bon. Et votre prénom?
E1 Mon prénom? [Michel].
E2 Quelle est votre adresse, s'il vous plaît?
E1 [17, rue Rodin].
E2 Comment ça s'écrit?
E1 [R...O...D...I...N].
E2 Merci. Et votre numéro de téléphone?
E1 Le [24.16.32].

a. **Reprenez le dialogue en donnant votre propre nom, votre adresse et votre numéro de téléphone.**

b. **Imaginez que vous fournissez à quelqu'un les mêmes renseignements à propos d'un parent ou d'un ami. Reprenez le dialogue et utilisez son quand c'est nécessaire.**

3.3   Retenez l'essentiel   ♫

Ecoutez la conversation enregistrée
sur la cassette et continuez de
remplir la fiche sur laquelle le nom
et le lieu de résidence ont déjà été
inscrits à la réception de l'hôtel.

```
                GRAND HOTEL
                26, rue Centrale
                Tél. 24-16-21


Nom: ___M. Durand_____

Adresse: _____ Bordeaux____

N° de téléphone _____
```

3.4   Improvisez

E1 téléphone à une agence de voyages à l'étranger pour se renseigner
sur les facilités offertes aux campeurs dans le pays. E1 demande à
l'employé(e) de lui envoyer une brochure. E2 demande à E1 à qui et
où il doit envoyer les renseignements. Vous ferez épeler le nom et le
prénom et demanderez l'adresse et le numéro de téléphone.

4   Résumé
4.1   Dans ce dossier, vous avez appris comment on

1. salue quelqu'un et on s'enquiert de son état de santé:
   et on répond à une salutation sans familiarité excessive:

   Bonjour, [M. Durand]. Comment allez-vous?
   Ça va bien, merci. — Je vais bien merci. — Très bien.

2. présente quelqu'un:
   et on répond à une présentation:

   Vous connaissez [ma femme, Aline, M. Leroy]?
   Mes hommages (Madame). Enchanté(e).

3. demande l'identité de quelqu'un qui se tient à quelque distance:
   et on donne le renseignement:

   (Excusez-moi.) Qui est-ce?
   Qui est [ce monsieur]?
   C'est [Jacques Dutour].

4. dit quelque chose sans pouvoir l'affirmer:

   Je crois que c'est [sa sœur].

5. demande le nom, l'adresse, et le numéro de téléphone de quelqu'un:

   Quel est votre nom? Quelle est votre adresse?
   Quel est votre numéro de téléphone?

6. demande qu'on épelle un nom:

   Comment ça s'écrit?

4.2   Et vous avez utilisé

1. le verbe 'être' à la 3ème personne du singulier aux formes affirmative, interrogative et négative:

   C'est [Jean Dutour]. Qui est-ce?
   Ce n'est pas [Jean Dutour].

2. les adjectifs démonstratifs 'ce', 'cet' (masculin), cette (féminin), et le pronom démonstratif 'ça':

   C'est ça.

3. les pronoms interrogatifs 'quel' (masculin) et 'quelle' (féminin):

   Quel est votre nom?
   Quelle est votre adresse?

4. trois formes du verbe 'aller' au présent:

   Je vais/Il, elle va bien. Comment allez-vous?

5. quatre formes d'adjectifs possessifs:

   Mon/ma, son/sa.

6. l'adverbe interrogatif de manière 'comment':

   Comment allez-vous?

7. l'article défini 'le' et le complément de nom:

   Le mari d'[Odette].

8. des adverbes:

   Très bien; aussi; là-bas.

9. les nombres de 31 à 91.

DOSSIER 3 — Vous désirez?

1.1 Dialogue Ω

Mme Leroy a retenu une voiture. Elle se présente au bureau de location de la gare.

L'EMPLOYÉ	Vous désirez, Madame?
MME LEROY	Je suis Mme Leroy. Vous avez ma voiture?
L'EMPLOYÉ	Mais oui, Madame. Un instant. C'est une Renault?
MME LEROY	C'est ça. Je peux la voir?
L'EMPLOYÉ	Certainement. Vous voulez venir avec moi?

1.2 Exercez-vous

Demande polie

Je peux	voir la voiture? voir votre passeport? m'asseoir?	Mais	oui. certainement.
		Non, (je suis) désolé(e).	

Requête (invitation)

Vous pouvez Vous voulez	attendre un instant? venir avec moi? (bien) vous asseoir? signer ici?	Mais	oui. certainement.
		Non, désolé(e). Je ne peux pas. Ce n'est pas possible.	

Requête (impérative)

Venez avec moi.	Mais oui.
Asseyez-vous.	D'accord.
Attendez un instant (s'il vous plaît).	Non, (je ne peux pas).
Donnez-moi votre passeport.	Voilà.

1.3 Exercez-vous en situation

E1 arrive à l'hôtel tard dans la soirée. La réceptionniste, E2, l'accueille très courtoisement, bien qu'elle soit sollicitée devant vous à plusieurs reprises au téléphone et par des clients. Vous pouvez commencer par:

E2 Bonjour [Madame]. Vous désirez?
E1 Vous avez une chambre?
E2 Mais certainement, [Madame].
   (le téléphone sonne)
   Vous pouvez attendre un instant?
E1 Mais oui.
   (quelques instants plus tard)
E2 Pardon, [Madame]. Vous pouvez me donner votre nom?

Faites épeler le nom, puis demander le prénom et l'adresse. Proposer de faire montrer la chambre.

.1 Dialogue Ω

l'aéroport. Un porteur s'approche de M. Pinot.

1. PINOT	Vous pouvez prendre cette valise?
E PORTEUR	Mais oui, Monsieur. Quel vol?
1. PINOT	Vol Air France 328 pour Munich.
	(le porteur fait mine de prendre le sac)
	Non, ne prenez pas ce sac.
E PORTEUR	Comme vous voulez.

.2 Exercez-vous

Offre

Je peux	porter cette valise?	Mais oui.
	vous aider?	Oui, merci.
	vous donner son adresse?	Non, merci.
	répondre au téléphone?	

Requête négative (défense)

N'	entrez	pas.		Bon, (d'accord).
	attendez			Comme vous voulez.
Ne	répondez			
	vous asseyez			
	venez	pas	avec moi.	
	me donnez		son adresse.	

.3 Improvisez

Imaginez ces conversations en utilisant ce que vous avez appris jusqu'ici.

1. **E1 et E2 se connaissent bien. Au cours d'une réunion, E1 demande à E2 si [elle] veut faire la connaissance de [Michel Pradal]. E1 présente E2 à E3. Ils se communiquent leurs adresses et leurs numéros de téléphone. Puis E1, E2 et E3 se posent des questions sur d'autres personnes présentes.**

2. **E1 est vendeur dans un magasin. E2 veut se faire livrer un objet qu'[il] vient d'acheter. E1 demande à E2 son nom, son adresse et son numéro de téléphone.**

3.1 Regardez et parlez

Etudiez ces panneaux et faites les exercices 1 et 2 ci-dessous.

ENTRÉE

On peut entrer par là.
On ne peut pas sortir par là.

SORTIE

On peut sortir par là.
On ne peut pas entrer par là.

PASSAGE INTERDIT

Il est interdit de passer par là.

OUVERT

On peut entre

TOILETTES

DAMES

Les femmes peuvent entrer.
Les hommes ne peuvent pas
entrer.

MESSIEURS

Les hommes peuvent entrer.
Pas les femmes.

FERMÉ

On ne peut pas entrer.

STATIONNEMENT AUTORISÉ

On peut stationner ici.

STATIONNEMENT INTERDIT

Il est interdit de stationner ici.

DÉFENSE DE FUMER

Il est interdit de fumer ici.

1. Demandes de permission

(Est-ce qu')	il peut elle peut on peut	entrer par là? passer par là? stationner ici? fumer ici?	Mais oui. Regardez : 'Entrée'.	
(Est-ce que)	je peux vous pouvez		Non.	On ne peut pas. Il ne faut pas. Regardez: 'Défense de fumer'.

2. Suggestions

Entrons par là. On entre par là?	Oui, entrons. D'accord.	
	Non,	c'est interdit. on ne peut pas. Regardez: 'Sortie'.

3.2 Exercez-vous en situation 🎧

E1 rend visite à un de ses proches parents qui est à l'hôpital. Commencez la conversation avec l'infirmière en suivant les répliques ci-dessous, puis indiquez votre nom, votre rapport de parenté avec la personne que vous désirez voir, l'adresse et le numéro de téléphone de votre hôtel. Epelez les mots quand c'est nécessaire.

E1 Je peux voir [Mme Dulin]?

E2 Mais certainement. Vous voulez attendre un instant?

E1 Oui. Je peux fumer?

E2 Non, je suis désolée. Regardez: 'Défense de fumer'.
Attendez ici, s'il vous plaît. *(quelques instants plus tard)*
Vous pouvez me donner votre nom?

3.3   Retenez l'essentiel   Ω

Vous allez entendre trois courts dialogues. Dites auquel des dialogues enregistrés sur la cassette correspond chaque dessin et inscrivez le numéro du dialogue dans le cercle correspondant.

Pouvez-vous vous rappeler ce que les gens ont dit dans chacune de ces situations?

3.4   Improvisez

Vous allez chercher un(e) ami(e) francophone à la gare ou à l'aéroport. Accueillez-le/la et demandez-lui comment vont les membres de sa famille. Ensuite, offrez de porter ses bagages.

4   Résumé

4.1   Dans ce dossier vous avez appris comment on

1. demande à faire quelque chose:
   et on répond:

   a. Je peux [voir la chambre]?
      Mais oui/certainement. — Non, (je suis) désolé(e).
   b. Vous pouvez [attendre un instant]?
      Vous voulez [vous asseoir]? Mais oui. — Non, désolé(e), je ne peux pas. Ce n'est pas possible.
   c. Asseyez-vous. Donnez-moi [votre passeport].
      Mais oui. D'accord. — Voilà. Non, (je ne peux pas).

2. fait une offre:
   et on répond:

   Je peux [prendre cette valise]?
   Oui, merci. — Non, merci.

3. fait une requête négative ou on défend quelque chose:
   et on répond:

   Ne répondez pas.
   Bon. — D'accord. — Comme vous voulez.

4. demande une permission:
   et on répond en donnant une raison:

   Je peux/Il, Elle peut/Vous pouvez/On peut [fumer ici]?
   Mais oui. Regardez: ['Stationnement autorisé'].
   Mais non. C'est interdit. Regardez: ['Défense de fumer'].

5. fait une suggestion:
   et on y répond:

   Entrons par là. On entre par là?
   Oui, d'accord. Non, on ne peut pas/C'est interdit.

4.2   Et vous avez utilisé

1. le verbe 'pouvoir':   Je peux — Il/Elle peut — On peut — Vous pouvez.
2. le verbe 'vouloir':   Vous voulez [vous asseoir]?
3. l'impératif 2ème personne du pluriel de plusieurs verbes: Regardez — attendez — asseyez-vous — donnez-moi.
   et la forme négative: Ne venez pas — ne vous asseyez pas — ne me donnez pas.
4. la 2ème personne du pluriel de plusieurs verbes: Vous désirez, pouvez, voulez, venez, suivez.
5. l'impératif 1ère personne du pluriel pour faire une suggestion: Entrons par là.
6. 'on', pronom indéfini: On ne peut pas.
7. des formes impersonnelles: Il est interdit de [fumer]. C'est interdit.
8. le pluriel des noms et de l'article défini: Les hommes/les femmes.

DOSSIER 4 A gauche, à droite, tout droit

1.1 Dialogue 🎧

Une dame voit un touriste chercher son chemin. Elle s'approche de lui dans la rue.

LA DAME   Excusez-moi. Je peux vous aider?
LE TOURISTE   Oh oui. Où est la Gare du Nord, s'il vous plaît?
LA DAME   La Gare du Nord? C'est par là.
                Allez tout droit, et tournez à droite.
LE TOURISTE   Merci beaucoup.

1.2 Exercez-vous

Reprenez le dialogue 1.1 par groupes de deux en utilisant les lieux et les directions indiquées sur les dessins ci-dessous. (Vous êtes dans une petite ville où chacun des endroits indiqués est unique.)
Attention au genre des noms et au choix de l'article: le poste de police, le parking, l'hôtel, l'hôpital, **mais** la poste, la banque, la gare.

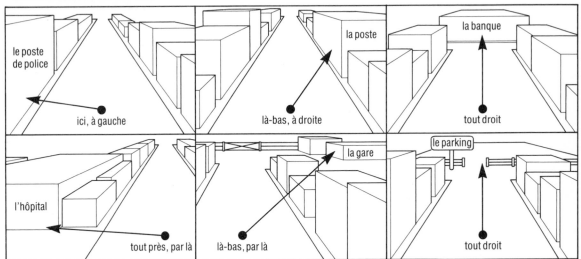

le poste de police — ici, à gauche
la poste — là-bas, à droite
la banque — tout droit
l'hôpital — tout près, par là
la gare — là-bas, par là
le parking — tout droit

1.3 Exercez-vous en situation

E1, qui ne connaît pas la ville, demande son chemin à E2 qui y habite.

E1 Excusez-moi.
E2 Oui. Je peux vous aider?
E1 Oui. Où est [la poste la] plus proche, s'il vous plaît?
E2 [La poste la] plus proche?
     [Là-bas], [à gauche].
     Regardez. C'est ici sur le plan.
E1 Très bien. Merci beaucoup.

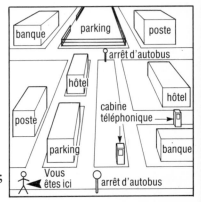

Indications: ici, tout près;   là-bas;   à gauche;   à droite;   tout droit; par là;   un arrêt d'autobus;   une cabine téléphonique.

2.1 Exercez-vous

Donnez des renseignements sur les rues indiquées dans le plan ci-dessous en 2.2.

1.
C'est	la première/deuxième/	à	gauche.
[La rue de la gare], c'est	troisième/quatrième/cinquième		droite.

2.
[La poste] est dans *[la rue du Marché]*. C'est la *[troisième à droite]*.

2.2 Dialogues

Un touriste, E1, demande à un passant, E2, son chemin dans une ville française. Le passant, E2, ne sait pas répondre.

E1 Excusez-moi. Vous pouvez me donner un renseignement?
Où est *[le Grand Hôtel]*, s'il vous plaît?
E2 *[Le Grand Hôtel]*?
Désolé. Je ne sais pas.

Le passant, E2, n'est pas sûr du chemin.

E1 Excusez-moi. Où est *[le Grand Hôtel]* s'il vous plaît?
E2 Je crois qu'il est dans *[la rue du Marché]*.
E1 *[La rue du Marché]*?
E2 Oui. Je crois bien qu'il est dans *[la rue du Marché]*.
E1 Merci beaucoup.

Le passant, E2, connaît le chemin.

E2 Je peux vous aider?
E1 Oui. Où est *[le Grand Hôtel]*?
E2 Il est dans *[la rue du Marché]*.
C'est la *[troisième à droite]*.
E1 Merci beaucoup.

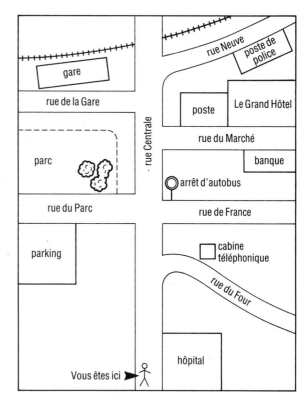

2.3 Ecoutez et indiquez le chemin 🎧

Un touriste a retenu une chambre à un hôtel dans une ville étrangère. Il vient d'arriver dans la ville, et il demande à un passant de lui indiquer son chemin. Ecoutez l'enregistrement, et indiquez le chemin sur le plan.

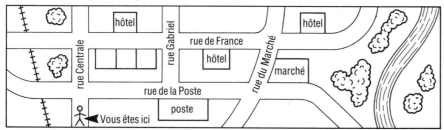

3.1 Regardez et parlez

Voici une page publicitaire figurant au dos d'un programme local de spectacles. Etudiez-la ainsi que le tableau de prépositions, et dites où se trouvent les différents lieux indiqués sur le plan.

La poste est **à côté du** Grand Hôtel.

La gare est **près de** la poste.

L'hôpital est **dans** la rue Centrale.

La Banque de Paris est **au coin de** la rue du Marché et de la rue Centrale.

Le Grand Hôtel est **au bout de** la rue du Marché.

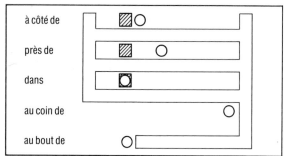

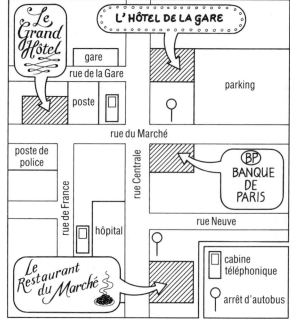

3.2 Exercez-vous

Utilisez les phrases ci-dessous en vous référant au plan donné en 3.1 ci-dessus.

1.	Il y a [un parking] dans [la rue du Marché].			

2.	Est-ce qu'il y a	[un arrêt d'autobus] [une banque]	dans	[la rue de France]?
	Non, il n'y a pas	d'[arrêt d'autobus] de [banque]	dans	[la rue de France],
	mais il y en a un(e) dans [la rue du Marché]. (C'est [à côté de l'Hôtel de la Gare].)			

3.3 Exercez-vous en situation

Un touriste, E1, demande à deux passants, E2 et E3, de leur indiquer son chemin dans la ville. Référez-vous au plan donné en 3.1 ci-dessus.

E1 Excusez-moi.
　　Est-ce qu'il y a [un hôtel] près d'ici?
E2 Oui. Il y a [un hôtel] dans [la rue du Marché].
　　C'est [le Grand Hôtel].
E1 Merci.
E2 [Il] est [à côté de la poste].
E3 Et [il] est [près du poste de police].
E1 Merci beaucoup.

3.4   Retenez l'essentiel   🎧

**Un client demande au portier d'un hôtel de lui donner des
renseignements. Ecoutez les dialogues enregistrés sur cassette, et
mettez une croix dans les cases qui vous semblent correspondre aux
réponses faites.**

1. La poste la plus proche est
   a. tout droit, dans la rue de France.
   b. tout droit, et deuxième à gauche.
   c. à droite, à côté d'un parking.

2. La banque la plus proche est
   a. à gauche, au coin de la rue Centrale et de la rue du Marché.
   b. à droite, au coin de la rue Centrale et de la rue du Marché.
   c. tout droit, au coin de la rue Centrale et de la rue du Marché.

Ecoutez le dialogue une deuxième fois et jouez la scène.

3.5   Improvisez

**Vous vous trouvez devant l'un des bâtiments indiqués sur le plan en
3.1. Plusieurs touristes français viennent vous demander où se
trouvent la poste, l'hôtel, le poste de police les plus proches. Vous
leur donnez le renseignement.**

4   Résumé

4.1   Dans ce dossier vous avez appris à

1. demander où se trouvent des lieux:
   et à demander votre chemin:

   Où est *[l'Hôtel du Parc]*, s'il vous plaît?
   Où est *[la poste la]* plus proche?
   Est-ce qu'il y a *[un hôtel]* près d'ici?

2. donner des renseignements sur la direction à prendre:

   C'est ici/là-bas/par là/tout droit.
   C'est à gauche/à droite/près de la poste, etc.

   et des précisions sur la situation d'un lieu:
   C'est la première/la seconde, etc. à *[droite]*.

3. répondre que vous ne savez pas:
   Désolé. Je ne sais pas.

4. dire que vous n'êtes pas sûr:
   Je crois (bien) que c'est dans *[la rue du Marché]*.

5. remercier quelqu'un:
   Merci bien. — Merci beaucoup.

4.2   Et vous avez utilisé

1. des nombres ordinaux:
   premier/ère, deuxième, troisième.

2. des prépositions:
   sur *[le plan]*, dans *[la rue du Marché]*.
   à côté de; près de; au coin de; au bout de.

3. des noms de lieux, de rues et de bâtiments avec l'article
   défini:
   le parc, la rue du Marché, la poste.

4. l'article indéfini 'un', 'une':
   Il y a un hôtel/une poste dans *[la rue du Marché]*?

5. les contractions 'au' et 'du' (pour 'à' + 'le', 'de' + 'le'):
   au bout de la rue, la rue du Marché.

6. le présentateur 'il y a':
   Il n'y a pas d'*[arrêt d'autobus]*.

7. l'interrogatif 'est-ce que':
   Est-ce qu'il y a *[une poste près d'ici]*?

8. la négation de toute quantité 'ne . . . pas de . . .':
   Non, il n'y a pas de *[banque]* dans *[la rue du Marché]*.

9. une nominalisation:
   la première.

10. le pronom 'en' + numéral:
    Oui, il y en a *[une]* *[dans la rue du Marché]*.

DOSSIER 5   Où sont-ils?

1.1   Dialogue 🎧

**Mme Monot passe chez son docteur pour une visite de routine.
Mme Brousse, la secrétaire, la reçoit.**

MME BROUSSE   Bonjour, Mme Monot.
MME MONOT   Bonjour. Le docteur est là?
MME BROUSSE   Non. Il n'est pas là.
MME MONOT   Où est-il?
MME BROUSSE   Je crois qu'il est à l'hôpital.
MME MONOT   Je peux attendre?
MME BROUSSE   Mais oui. Asseyez-vous.

1.2   Exercez-vous

Etudiez le tableau ci-dessous, puis faites les exercices proposés.

Il Elle	est n'est pas	à	Paris/Londres/Rome/New York/Madrid/Berlin.	
			la maison/gare/poste/banque/pharmacie.	
Ils Elles	sont ne sont pas	l'	école.	*F.*
			aéroport/arrêt du bus/hôtel/hôpital.	*M.*
		au	cinéma/parking/théâtre/bureau/Grand Hôtel.	

1. E   *[Jean]* n'est pas *[au cinéma]*. *[Il]* est *[au théâtre]*.
2. E   *[Hélène et Jean]* ne sont pas *[au cinéma]*. Ils sont *[au théâtre]*.
3. E1 *[Jean]* est *[au cinéma]*?   E2 Oui.
                                          Non. *[Il]* est *[au théâtre]*.
4. E1   Où est *[Jean]*?   E2 (*[Il]* est) *[au théâtre]*.
                                          OU Je crois qu'*[il]* est *[au théâtre]*.

1.3   Improvisez

**E1 commande un taxi par téléphone. E2, l'opératrice de la
compagnie de taxis, lui demande des précisions. Commencez ainsi
que suit:**

E2 Mais oui. Vous voulez me donner votre nom, s'il vous plaît?

**et poursuivez la conversation. L'opératrice veut savoir l'orthographe
du nom, l'endroit où se trouve E1 (par exemple: à la poste) et, si
nécessaire, une adresse (à épeler) et quelques indications pour y
arriver (par exemple: dans la rue de France, près du marché, etc.).**

2.1 Dialogue ♫

LE SECRETAIRE Société Vincent, bonjour.
Vous désirez?

LA DAME M. et Mme Berger sont là?

LE SECRETAIRE Je ne sais pas, Madame.
Attendez un instant. *(quelques instants après)*
Ils ne sont pas au bureau aujourd'hui.
Ils sont chez eux.

LA DAME Vous pouvez me donner leur numéro personnel?

LE SECRETAIRE Désolé. Je ne peux pas.

2.2 Exercez-vous

Etudiez le tableau ci-dessous, puis faites les exercices.

Il Elle	(n') est (pas)	dans	son bureau/sa chambre. la cuisine/le salon/le jardin/le parc.
Ils Elles	(ne) sont (pas)	en	France/Angleterre/Belgique/Suisse/ Allemagne. (MAIS au Canada/aux Etats-Unis).
			ville/réunion/voyage.
Je	(ne) suis (pas)	chez	moi/vous/lui/elle/eux. le dentiste/le médecin. sa sœur/ses parents/leurs amis.
Nous	(ne) sommes (pas)		

1. E *[Jean]* n'est pas dans *[la cuisine]*. *[Il]* est dans *[le jardin]*.
2. E *[Hélène et Jean]* ne sont pas dans *[la cuisine]*. *[Ils]* sont dans *[le jardin]*.
3. E1 *[Jean]* est en *[ville]*? E2 Oui.
   Non. *[Il]* est en *[voyage]*.
4. E1 Où est *[Hélène]*? E2 *[Elle]* est chez *[elle]*.
   OU Je crois qu'*[elle]* est chez *[elle]*.

2.3 Ecoutez et répondez aux questions ♫

Trois amis vous téléphonent des messages. Ecoutez des extraits de ces trois conversations. Prenez des notes, puis répondez aux questions ci-dessous:

1. Où est la soirée? Où est-ce?
2. Où est Paul? Où est son bureau?
3. Où est Suzanne? Quelle est son adresse?

2.4 Exercez-vous en situation/Improvisez

E1 a été à une soirée chez E2, mais *[il]* s'est perdu et *[il]* téléphone à E2 pour retrouver son chemin. Commencez ainsi que suit, et continuez à donner des indications.

E2 Où êtes-vous?
E1 Je suis dans une cabine téléphonique *[près du poste de police]*.
E2 Ah, je sais. *[Dans la Grand'Rue]*.
E1 Oui, et il y a *[une pharmacie au bout de la rue]*.
E2 Bon, écoutez-moi.

3.1 Exercez-vous

Etudiez le tableau et jouez le dialogue ci-dessous.

Il est Il est allé Elle est allée Ils sont Ils sont allés Elles sont allées	à	la poste/la maison/la pharmacie/la cuisine/une soirée. l'école/l'hôtel/l'aéroport.
	au	bureau/marché. cinéma/théâtre.
	dans	la cuisine. le jardin/le salon.
	en	ville/Angleterre/Espagne/Italie/Hollande. réunion/voyage.
	chez	moi/vous/elle/lui/elles/eux. le dentiste/leurs parents/mes amis.

Trois amis se demandent où sont les gens qu'ils connaissent.

E1 Où *[est Paul]*?   *[Il est] [chez lui]*?
E2 Non. Je crois qu'*[il est allé] [au bureau]*.
E1 Oui. *[Il est] [en réunion]*.

3.2 Regardez et parlez

E1 se présente au bureau de réception d'une importante maison de commerce.
E2, le réceptionniste, a la liste des membres du personnel qui sont en vacances. Sur son bloc il a aussi des messages indiquant où se trouvent les autres employés.

E2 Vous désirez?
E1 Je peux voir *[M. Legrand]*?
E2 *[M. Legrand]*? Non, je suis désolé.
    [Il est allé] [à la banque].
    OU BIEN *[Il est] [en vacances]*.
    [Il est] [à l'Hôtel du Nord] [à Paris].
E1 Oh, *[il est] [à la banque]*?
    OU BIEN Oh, *[il est] [à Paris]*?
E2 Oui. Je suis désolé.
E1 Tant pis. Merci.

3.3 Parlez de vous

Par groupes de deux ou de trois, demandez-vous où sont allés des amis communs ou des parents.

3.4   Retenez l'essentiel   Ω

**Vous allez entendre une conversation (sur cassette) entre un homme
et une femme. Ecoutez bien pour essayer de savoir où chacune des
personnes mentionnées est allée. En même temps que vous écoutez,
mettez le numéro correspondant à la personne dans un des cercles.**

1. Corine   ○ à la banque.

2. Christian ○ allé chez le dentiste.

3. Irène   ○ allée au cinéma.

4. Paul   ○ en ville.

Ecoutez de nouveau et jouez la scène.

3.5   Improvisez

**Vous vous mettez d'accord avec un(e) ami(e) sur un lieu de rendez-
vous. Proposez des endroits** (Trouvons-nous à . . . , Donnons-nous
rendez-vous à . . .) **et dites où c'est** (près de la gare . . . **etc.**)

4   Résumé
4.1   Dans ce dossier vous avez appris à

1. demander et dire où les gens sont:

Est-ce que [M. Durand] est là?
Où est [M. Durand], s'il vous plaît?
Il est au cinéma, dans le salon, en voyage, chez ses
parents, etc.

2. dire où les gens sont allés:

Ils sont allés à la poste, dans le jardin, en Angleterre,
chez eux, etc.

3. exprimer un doute à propos de l'endroit où sont les
gens:

Je crois (bien) qu'elle est [en ville].

4.2   Et vous avez utilisé

1. 'à' + article défini + nom: à la poste.
   'au' + nom masculin: au restaurant.
   'à' + nom de ville: à Paris.
2. 'dans' + article défini + nom: dans le jardin.
3. 'en' + nom commun ou nom de pays: en ville; en France.
4. 'chez' + pronom personnel: chez lui.
         + article défini + nom: chez le dentiste.
         + adjectif possessif + nom: chez son ami.
5. les adjectifs possessifs singulier et pluriel de la 3ème
   personne — 'son'/'sa', 'ses'; 'leur', 'leurs':   sa sœur; ses parents.
                                        leur ami; leurs amis.
6. le verbe 'aller' au passé composé à la 3ème personne: Il/Elle est allé(e) [au cinéma].
   et vous avez fait l'accord de 'allé' et du sujet (féminin-
   pluriel):   Ils/Elles sont allé(e)s [au théâtre].

DOSSIER 6 Quelle heure est-il?

1.1 Exercez-vous

Deux amis, E1 et E2, se demandent l'heure.

1. E1 Quelle heure est-il?
   E2 Il est [une heure].

2. E1 Quelle heure est-il?

E2 Il est [dix heures et quart]. Il est [dix heures et demie]. Il est [onze heures moins le quart].

3. E1 Quelle heure est-il?

   E2 Il est [dix heures cinq].
      Il est [onze heures moins vingt-cinq].

4. E1 Quelle est l'heure exacte?

   E2 Il est [dix heures trois].
      [quatre heures moins sept].

1.2 Exercez-vous en situation

E1 arrête E2, un passant, dans la rue.

E1 Excusez-moi. Vous pouvez
   me dire l'heure?
E2 Pardon?
E1 Est-ce que vous avez l'heure?

E2 L'heure? Mais oui.
   Il est [exactement 10h27].
E1 Merci beaucoup.

2.1 Exercez-vous Ω

Voyez d'abord les jours de la semaine, puis jouez le dialogue.

dimanche
lundi
mardi
mercredi
jeudi
vendredi
samedi

E1 Quel jour est-on aujourd'hui?
E2 [Dimanche].
E1 C'est [dimanche]? Mais oui.
  C'est vrai.

2.2 Dialogue Ω

2.3 Exercez-vous

Quand est-ce que	[les banques] [les boutiques]	ouvrent? ferment?		Elles	ouvrent ferment		tous les	jours jours de semaine matins après-midis soirs	de [9h] à [18h]
		sont	ouvertes? fermées?		sont	ouvertes fermées			
							le	lundi samedi	

Quand est-ce que	[la poste]	ouvre? ferme?		Elle	ouvre ferme		tous les jours à	[8h]. [19h].
		est	ouverte? fermée?		est	ouverte fermée	du lundi au samedi. le dimanche.	

2.4 Retenez l'essentiel et prenez des notes Ω

Une boutique vous écrit pour vous dire qu'un objet que vous avez
commandé est arrivé et que vous pouvez venir le chercher. Vous
téléphonez pour savoir quelles sont les heures d'ouverture. Ecoutez
et prenez note des jours et heures.

3.1 Dialogue Ω

A l'agence de voyages. Une dame vient d'acheter un billet et l'employé lui indique la façon d'aller prendre son avion à l'aéroport d'Orly, au sud de Paris.

L'EMPLOYEE Votre avion part d'Orly à 16h40.
Soyez à l'aéroport à 15h50.

LA DAME Quand est-ce qu'il y a des bus?

L'EMPLOYEE Pour Orly, toutes les vingt minutes.
Ils partent de l'aérogare des Invalides.

LA DAME Le bus de trois heures moins vingt arrive à quelle heure?

L'EMPLOYEE A trois heures vingt-cinq.
Prenez le suivant, le bus de trois heures.
Il arrive à trois heures quarante-cinq.

LA DAME Merci bien.

3.2 Exercez-vous

Demandez les heures de départ et d'arrivée des trains et répondez en vous référant à l'horaire ci-dessous.

1. E1 Quand est-ce qu'il y a un train pour *[Paris]*?
   E2 Le prochain train est à *[......]*.
2. E1 A quelle heure est-ce que le train de *[......]* arrive à *[Paris]*?
   E2 Il arrive à *[......]*.

TEE 17 18	✗ 18 46	(G)✗	✗2 21 05	✗3 23 15	0 10		▲✗	✗ 17 20	✗ 20 10	TEE 21 08	✗	22 03	22 54	✗ 23 15
		19 51				**PARIS-Est •**	17 20		20 10	21 08		22 03	22 54	23 15
	18 54				0 45	1 48	**CHALONS-SUR-MARNE • (E)**	16 24				20 35	21 32	
	20 27	21 12				2 44	**BAR-LE-DUC • (E)**	15 23	15 42	18 13		19 55	20 54	
	21 14	21 49			7 12	4 09	**NANCY •**	14 27	14 34	17 10	18 26	18 49		20 33
19 58	21 26	22 26	22 45	0 08	2 38		**EPINAL •**	12 50	12 50	16 00	17 19	17 19		19 19
21 02	22 29	23 56	23 56				**STRASBOURG • (F)**	12 50		15 50	17 13	17 16		19 17
21 13	22 42		0 12	1 26	4 04	6 43	**COLMAR • (F)**	12 04		13 52	15 55	15 55		17 55
21 58	23 42		1 03			8 06	**KARLSRUHE**	11 23		13 52	15 09	15 09		17 38
22 25				2 50	5 40	8 54	**STUTTGART**	10 14		11 35	11 35			16 33
23 46				4 03	6 51	10 11	**MÜNCHEN**	7 25						13 55
				6 32	9 33	13 04	**WIEN**	0 10						8 00
				11 55	15 25									

(B) Sauf dimanches et sauf les 14 juillet et 16 août.
(E) Voir également tableaux PARIS-FRANKFURT/M.
(b) Arr. 19 h 19 les vendredis et certains jours.

(F) Voir également tableau ci-dessus. — (G) Sauf samedis de B.-le-Duc à Strasbourg. (d) — 18 h 18 les v. et certains jours.
(c) 5 h 25 les dimanches et fêtes sauf le 15 août.

3.3 Exercez-vous en situation

Il est *[20h30]*. Vous venez d'arriver à la Gare de Lyon et vous cherchez sur le tableau horaire les heures de train pour Marseille. Commencez ainsi que suit:

E1 A quelle heure est-ce qu'il y a un train pour Marseille?
E2 Le prochain train est à *[......]*.
E1 A quelle heure est-ce qu'il arrive à Marseille?
E2 A *[......]*.
E1 Et le suivant?

33 20 42 23 53	✗34 20 45 23 31	35 21 46	36 21 49	37 22 17	38 22 30 1 45	39 22S7 2 25		▲✗ 13 35	✗ 14 00	✗ 16 53	✗ 19 00	✗ 21 50	TEE 22 21	✗ 23 39
						4 11	**PARIS-Gare de Lyon •**	13 35	14 00	16 53	19 00	21 50	22 21	23 39
						5 11	**DIJON •**	11 09		14 24	16 31	19 20	19 59	21 29
			4 57		6 10	6 20	**LYON-Perrache •**	9 25	10 12	14 58	17 47	18 30		19 48
5 08	4 47		6 09		7 45	7 48	**VALENCE •**	8 14	9 16	11 42	13 58	16 47	17 33	18 52
6 16	5 56		7 27	6 56	8 41	8 41	**AVIGNON •**	7 02	8 17	10 38	12 55	15 40	16 33	17 52
8 24	8 16	7 55	9 35	9 10	10 33	10 33	**MARSEILLE •**	5 50	7 10	9 37	11 55	14 38	15 35	16 54
							TOULON •	4 36	5 47	8 47	11 02	14 42	15 46	
							NICE •			7 05	9 00	12 00	13 10	14 05

(c) Marseille-Blancarde.

(d) Paris-Nord.

3.4   Retenez l'essentiel   ♎

M. Beaujour téléphone à son collègue, M. Choquet. Il n'est pas au
bureau et sa secrétaire prend un message. Etudiez les deux
messages, écoutez bien le dialogue et mettez une croix dans la case
A ou B, selon ce que vous avez compris.

A ☐

Message :
M. et Mme Beaujour
peuvent aller à
Lyon dimanche
prochain. Le train
part de Paris à
11 heures du soir.

B ☐

Message :
M. et Mme Beaujour
peuvent aller à
Paris dimanche
prochain. Le train
arrive Gare de Lyon
à 11 heures du matin.

Ecoutez de nouveau et jouez la scène.

3.5   Improvisez

E1, un francophone voyageant dans votre pays, demande à E2, un
ressortissant de ce pays, à quelle heure les endroits suivants ouvrent
et ferment: les boutiques, les banques, la poste. E2 donne les
renseignements.

4   Résumé

4.1   Dans ce dossier vous avez appris à

1. demander l'heure:
   et à donner l'heure:

   Quelle heure est-il? Quelle est l'heure exacte?
   Il est une heure/deux heures et quart/deux heures et
   demie/trois heures vingt/quatre heures moins dix/sept
   heures moins le quart.

2. demander et dire quel jour on est:

   Quel jour est-on? C'est [dimanche].

3. demander et dire quand les boutiques sont ouvertes
   ou fermées:

   Quand est-ce que les boutiques { ouvrent/ferment?
   { sont ouvertes/fermées?

   Elles { ouvrent/ferment à 9h/18h tous les jours.
   { sont ouvertes/fermées

4. demander et dire quand les trains ou les avions
   partent et arrivent:

   Quand est-ce qu'il y a un train pour [Paris]?
   Quand est-ce qu'il arrive à [Paris]?
   Il y a un train à [sept heures et demie]. Il arrive à [neuf
   heures vingt].

4.2   Et vous avez utilisé

1. 'et' + demie/quart:
   Il est dix heures et demie/neuf heures et quart.
2. 'moins' + les minutes avant l'heure; moins le quart:
   Il est six heures moins dix. Il est cinq heures moins le
   quart.
3. 'à' + heure et 'le' + jour:
   à trois heures; le lundi.
4. 'tous les'/'toutes les':
   Il y a un train tous les jours/toutes les heures.
5. des formes de l'indicatif présent:
   Le train part à dix heures.
   Nous fermons à 18h30. Les boutiques ferment.
6. 'pour' + nom de lieu (destination):
   pour Paris.
7. 'de' + nom de lieu ou indication de temps:
   le train de Paris; l'avion de 16h40.
8. quand? à quelle heure?:
   Quand est-ce qu'il y a un train pour Marseille?
   A quelle heure est-ce qu'il arrive?

DOSSIER 7   Et ça, qu'est-ce que c'est?

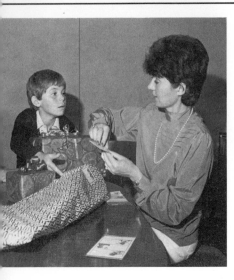

1.1   Dialogue   ∩

Mme Lenfant met des étiquettes sur les cadeaux qu'elle a préparés pour la fête de Noël. Son fils Jean (9 ans) la regarde faire tout en lui posant des questions.

JEAN   Qu'est-ce qu'il y a dans ce paquet?

MME LENFANT   Du parfum. Une petite bouteille de parfum pour Sandra.

JEAN   Et dans ce gros paquet, qu'est-ce qu'il y a?

MME LENFANT   Ça, c'est le cadeau de Georges.

JEAN   Qu'est-ce que c'est?

MME LENFANT   C'est un arbre pour son jardin.

JEAN   Il n'y a rien pour moi?

MME LENFANT   Mais si, il y a quelque chose. Mais c'est une surprise.

1.2   Exercez-vous

Qu'est-ce que c'est?	C'est	un	cadeau/paquet/livre/sac.
		une	bouteille/valise/cigarette.
		du	vin/parfum/savon.
		de la	viande/moutarde/bière.
		des	cadeaux/paquets.
			bouteilles/valises/cigarettes.

Utilisez les phrases ci-dessus en distinguant bien entre les objets qu'on peut compter (précédés de un, une ou des) et les substances (précédés de du ou de la). Ensuite, jouez le dialogue 1.1 en utilisant d'autres mots que parfum et arbre.

1.3   Exercez-vous en contexte

E1, un touriste étranger, demande à E2, un(e) ami(e) francophone auquel il rend visite, comment on appelle les choses qu'il voit sur le comptoir de la brasserie où ils se trouvent.

E1 Qu'est-ce que c'est?
    Comment ça s'appelle en français?
E2 Ça? C'est [un sandwich].
   OU Ça? C'est [de la moutarde].
   OU Ça? C'est [des pommes].

1		2, 3, 4...
un sandwich	de la moutarde	des sandwichs
une pomme	de la viande	des pommes
une orange	du sel	des oranges
	du poivre	

2.1 Exercez-vous

Etudiez la liste ci-dessous, puis en vous servant des dessins
correspondant aux mots, exercez-vous aux échanges ci-dessous.
Attention à la liaison entre l'article et les mots commençant par un
son de voyelle.

1. E1 Qu'est-ce que c'est?
   E2 C'est *[un hôtel]*.

2. E1 Qu'est-ce que c'est?
   E2 C'est *[des arbres]*.

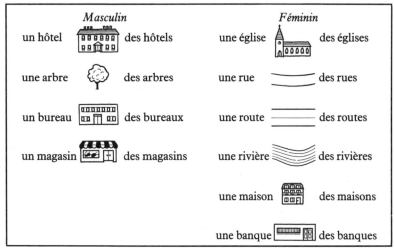

Masculin		*Féminin*	
un hôtel	des hôtels	une église	des églises
une arbre	des arbres	une rue	des rues
un bureau	des bureaux	une route	des routes
un magasin	des magasins	une rivière	des rivières
		une maison	des maisons
		une banque	des banques

2.2 Dialogue 🎧

Jean explique à Bernard comment lire une carte.

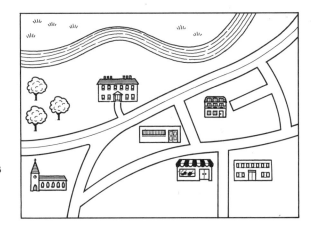

BERNARD Là, qu'est-ce que c'est?
JEAN C'est une rue.
BERNARD Et ça, ce n'est pas une rue?
JEAN Non, c'est une rivière.
BERNARD Ah, bon. Et là, qu'est-ce qu'il y a?
JEAN Un hôtel, des arbres et de l'herbe verte.
BERNARD C'est la ville ou c'est la campagne?

Adaptez le dialogue afin d'identifier les différents
dessins portés sur le plan ci-contre.

2.3 Exercez-vous en situation

E1 se trouve en compagnie d'un(e) ami(e) francophone, E2, dans une
pharmacie. *[Il]* veut savoir comment s'appellent les objets qu'*[il]*
voit.

1. E1 Ça, qu'est-ce que c'est en français?
   E2 Ça? C'est *[une brosse à dents]*.
2. E1 Ça, qu'est-ce que c'est en français?
   E2 Ça? C'est *[un tube de dentifrice]*.
3. E1 Ça, qu'est-ce que c'est en français?
   E2 Ça? C'est *[des brosses à dents]*.

Exercez-vous avec:
1. une brosse à dents; 2. des tubes de dentifrice;
3. des brosses à dents; 4. du savon; 5. des
médicaments; 6. une bouteille de
médicament; 7. des bouteilles de shampooing.

2.4 Ecoutez et écrivez 🎧

Vous allez faire des courses avec une de vos amis francophones.
Ecoutez et faites par écrit la liste des courses.

3.1 Exercez-vous

a. **Etudiez les nombres jusqu'à 10 000.**

b. **Utilisez les questions et les réponses ci-dessous en vous servant
des indications proposées.**

1. E1 Voilà [un vieil arbre].
     Quel est [son âge]?
   E2 C'est difficile à dire.
     Je crois qu'[il] a environ
     [200 ans].
	2. E1 Voilà [de vieux arbres].
	     Quel est [leur âge]?
	   E2 C'est difficile à dire.
	     Je crois qu'[ils] ont environ
	     [100 ans].

1a. une longue rivière
     sa longueur: 500 kilomètres
     (de long)
1b. une grande montagne
     sa hauteur: 2500 mètres (de
     haut)

2a. de longues rues
     longueur: 3 kilomètres
2b. de grands bâtiments
     hauteur: 115 mètres

3.2 Exercez-vous

Dites la couleur d'objets qui vous appartiennent.

Quelle est la couleur de	votre [valise]? vos [valises]?	[Elle] est	[blanche/grise/verte].
		[Elles] sont ⚠	[noires/bleues/rouges/ jaunes]. [marron/orange].

3.3 Lisez et parlez

**Lisez les questions du test sur Paris et travaillez par groupes de
deux. Utilisez les mini-dialogues ci-dessous. Ne regardez pas les
réponses avant de vous être posé les questions.**

LE SAVEZ-VOUS?

1. Voilà la cathédrale Notre-Dame.
Quel est son âge?
Elle a **a.** 500 ans.
      b. 700 ans.
      c. 800 ans.

2. Voilà la Seine.
Quelle est sa longueur?
Elle a **a.** 350 kilomètres (de long).
      b. 460 kilomètres (de long).
      c. 575 kilomètres (de long).

3. Voilà la Tour Eiffel.
Quelle est sa hauteur?
Elle a **a.** 200 mètres (de haut).
      b. 300 mètres (de haut).
      c. 400 mètres (de haut).

E1 Quel est [l'âge] de [Notre-
    Dame]?
    Qu'est-ce que vous en pensez?

E2 *(avec certitude)* Elle a [800 ans]. J'en suis sûr.
    OU *(avec doute)* Je crois qu'elle a [800 ans], mais je n'en suis pas
    sûr.
    OU *(ne sait pas)* Je ne sais pas. Qu'est-ce que vous en pensez?

3.4 Retenez l'essentiel 🎧

M. Beaujeu montre des photos du château de Versailles à un ami. Ecoutez la conversation et complétez les phrases ci-dessous.

Le château de Versailles a ...... ans.
Le château a ...... mètres de long.

3.5 Improvisez

E1 fait visiter sa ville à un(e) ami(e) francophone. E1 montre des bâtiments (Voilà *[*la Tour Eiffel*]*) et répond aux questions de E2 (par Quelle est sa hauteur?) aussi bien qu'*[il]* le peut.

4 Résumé

4.1 Dans ce dossier vous avez appris à

1. demander qu'on identifie: (Ça), qu'est-ce que c'est?
   et à fournir l'identification d'objets et de substances: Comment ça s'appelle en français?
   C'est une orange.
   C'est du parfum.
   C'est des pommes.

2. demander et fournir une description plus précise
   comprenant l'âge: Quel est l'âge de . . . ? Il/Elle a . . . ans.
   la longueur: Quelle est la longueur de . . . ? Il/Elle a . . . kilomètres (de long).
   la hauteur: Quelle est la hauteur de . . . ? Il/Elle a . . . mètres (de haut).
   la couleur: Quelle est la couleur de . . . ? $\begin{cases} \text{Il/Elle est} \\ \text{C'est} \end{cases}$ *[*noir(e)*]*.

3. exprimer votre certitude: J'en suis sûr.
   ou votre incertitude: Je n'en suis pas sûr.

4. demander son opinion à quelqu'un: Qu'est-ce que vous en pensez?

4.2 Et vous avez utilisé

1. des noms d'objets comptables au singulier: un paquet; une bouteille.
   et au pluriel: des cigarettes.
2. des noms de substances précédés de l'article partitif: du vin; de la bière.
3. des adjectifs au masculin et au féminin: petit/petite; grand/grande; long/longue.
   de forme différente: blanc/blanche; gris/grise.
   de même forme au masculin et au féminin: rouge, jaune.
   invariables: marron, orange.
4. l'accord des adjectifs (masc./fém. et sing./pluriel) avec
   les noms: de grandes montagnes; de vieux arbres.
5. un adjectif irrégulier: un vieil arbre/un vieux livre/de vieux arbres;
   ⚠ Attention à la place des adjectifs.   une vieille maison/de vieilles maisons.
6. 'avoir' + expression de l'âge, de la longueur, de la
   hauteur: Elle a 800 ans. Elle a 525 kilomètres (de long).
   Elle a 300 mètres (de haut).

DOSSIER 8   J'aime beaucoup ça

1.1 Dialogue 🎧
Des gens sont en train de choisir des vêtements dans une boutique de mode.

1.2 Exercez-vous

1.	E	J'aime [ce vin].		
2.	E	Je n'aime pas [cet hôtel].		
3.	E1 Vous aimez	[cette maison]? [ces maisons]?	E2	Oui, je l'aime/je les aime (beaucoup). Non, je ne l'aime pas/je ne les aime pas (du tout).

Utilisez:

M.		F.	M. pl.	F. pl.
ce vin	cet hôtel	cette école	ces hôtels	ces écoles
ce livre	cet aéroport	cette maison	ces vins	ces maisons
ce programme	cet homme	cette femme	ces hommes	ces femmes
celui-là		celle-là	ceux-là	celles-là

1.3 Exercez-vous
Interrogez-vous par groupes de deux sur ce que vous aimez.

1.	J'aime (beaucoup) [le café chaud].		Moi aussi, j'aime ça.
2.	Je n'aime pas (beaucoup) [les grands aéroports].		Moi non plus, je ne [les] aime pas.
3.	Vous aimez [les vieux films]?		Oui. (Je [les] aime beaucoup.)
		Non.	(Je ne [les] aime pas beaucoup.) (Je ne [les] aime pas du tout.)

Utilisez:

le thé chaud/froid	les grands/petits hôtels	les aéroports	l'avion
le café chaud/froid	les vieux/nouveaux films	les gares	le train
le temps chaud/froid	les vieilles maisons/	les hôtels	le cinéma
le vin rouge/blanc	les maisons neuves	les soirées	le théâtre
la musique classique/pop	les hôtels neufs	les oranges	la bière

2.1 Dialogues

E1 veut savoir ce que son collègue E2 pense:

1. **de sa voiture — E2 la trouve très bien.**
   E1 Qu'est-ce que vous pensez de ma nouvelle
      voiture?
   E2 Je pense qu'elle est très bien.
      Elle est belle. Je l'aime beaucoup.

2. **du directeur — E2 ne prend pas parti.**
   E1 Qu'est-ce que vous pensez du nouveau
      directeur?
   E2 Il n'est pas mal.

3. **des films américains — E2 ne les aime pas.**
   E1 Qu'est-ce que vous pensez des films
      américains?
   E2 Je ne les aime pas beaucoup/du tout.

2.2 Exercez-vous/Parlez de vous

1. **Jouez les dialogues en 2.1 ci-dessus en vous situant par rapport à
des gens, des endroits, des objets précis.**

Jean (le, l')	Paris (le, l')	le Grand Hôtel
Mme Masson (la, l')	la France (la, l')	la nouvelle gare
les sœurs de Jean (les)	les Etats-Unis (les)	le nouvel aéroport

2. **Situez-vous par rapport à des objets ou des endroits non précisés.**

E1 Qu'est-ce que vous pensez de   la musique pop
   [la musique pop]?   le vin rouge
E2 C'est très bien.   la viande froide
   J'aime beaucoup ça.   les films américains
   ou Ce n'est pas mal.   les grands hôtels
   ou Je n'aime pas du tout ça.   les grandes soirées

2.3 Ecoutez et réagissez   ᘉ

Une amie vous pose des questions sur les objets photographiés ici.
Réagissez comme il convient à chaque question et répondez aux
autres questions qu'elle vous pose.

1. Une tableau moderne
   de Magritte
2. Une paire d'espadrilles
3. Le Centre Beaubourg

3.1 Dialogue 🎧

Une vieille dame prend le café chez des amis.

LA MERE   Vous voulez du thé?

LA VOISINE   Non, merci. Je n'aime pas le thé.
    Je préfère le café.

LA MERE   Alors prenez du café. Il y en a ici.
    (quelques instants plus tard)
    Qu'est-ce que vous pensez de ce café?

LE PERE   Je suis désolé, mais je pense qu'il n'est pas très bon.

LA VOISINE   Vous préférez le thé ou le café?

LA MERE   Le café. Je n'aime pas du tout le thé.

3.2 Exercez-vous/Parlez de vous

Exprimez vos préférences.

1. E1 Vous préférez *[le thé]* ou *[le café]*?
   (on vous propose quelque chose à boire)

   E2 (Je préfère) *[le thé]* (*[au café]*).

2. E1 Qu'est-ce que vous préférez, *[du thé]* ou *[du café]*?
   OU Qui est-ce que vous préférez, *[Sylvie]* ou *[Hélène]*?

   E2 (Je préfère) *[du thé]*.
   (Je préfère) *[Hélène]*.

le vin blanc/la bière/l'eau/le lait; la musique classique/la musique pop; le train/l'avion; le café noir/le café au lait; Beethoven/Bach; Guy/Philippe; la cuisine italienne/la cuisine française.
les petits hôtels/les grands hôtels; les petites maisons/les grandes maisons.
la nouvelle gare/la vieille gare; le vieil aéroport/le nouvel aéroport; votre vieux bureau/votre nouveau bureau.

3.3 Exercez-vous en situation/Improvisez

E1, un(e) francophone qui visite votre ville, arrête deux passants, E2 et E3, qui habitent la ville. Commencez ainsi que suit:

E1 Excusez-moi. Il y a un restaurant près d'ici?

E3 Oui, il y en a un *[dans la rue du Marché]*.
    Il est très bien. Je l'aime beaucoup.

E1 Merci bien.

E2 Il y en a un, aussi, *[dans la rue de France]*, *[le Restaurant de la Poste]*.

Continuez la conversation, faites préciser l'adresse, l'endroit et le numéro de téléphone, ainsi que les goûts (Vous aimez la cuisine *[italienne]?*), **les heures d'ouverture, et le fait que le restaurant est ouvert ou fermé à l'heure qu'il est.**
Pour finir, le touriste remercie.

3.4 Retenez l'essentiel 🎧

Vous allez entendre une courte scène. Ecoutez bien et mettez des plus (+) ou des moins (−) dans les cases.

	la robe rouge	la robe bleue	le chapeau	les chaussures
Sylvie				
Corine				

Est-ce que vous pouvez vous souvenir de ce qui a été dit dans la scène?

4 Résumé

4.1 Dans ce dossier vous avez appris à

1. exprimer vos goûts:

  J'aime beaucoup *[les vieux films]*.
  [Les vieux films], c'est bien.
  J'aime *[les vieux films]*.

  ainsi que vos aversions:

  Je n'aime pas beaucoup *[les vieux films]*.
  Je n'aime pas du tout *[les vieux films]*.

2. demander à quelqu'un son opinion sur quelqu'un ou sur quelque chose:

  Vous aimez *[les vieux films]*?
  Qu'est-ce que vous pensez *[des vieux films]*?

3. donner une opinion qui ne vous engage pas:

  Ce n'est pas mal.

4. demander à quelqu'un ses préférences au sujet des gens et des choses et à lui demander d'exprimer ses propres préférences:

  Qu'est-ce que vous préférez, *[le thé]*, ou *[le café]*? (en général)
  Je préfère *[le thé] [au café]*.
  Qu'est-ce que vous préférez, *[du thé]* ou *[du café]*? (vous avez à choisir maintenant)
  Qui est-ce que vous préférez, *[Hélène]* ou *[Sylvie]*?

4.2 Et vous avez utilisé

1. les verbes 'aimer' et 'préférer':

  Est-ce que vous aimez . . . ?/J'aime . . ./Je n'aime pas . . .

2. les pronoms démonstratifs, singuliers et pluriels, au masculin et au féminin:

  celui-là/celle-là/ceux-là/celles-là.

3. les pronoms compléments d'objet direct 'le', 'la', 'l' et 'les' pour vous référer à une personne ou une chose précise, 'ça' pour vous référer à quelque chose de plus général:

  [Ce vin], je l'aime/je ne l'aime pas.
  [Le thé], j'aime ça.
  J'aime beaucoup ça/Je n'aime pas du tout ça.

4. des adjectifs toujours placés après le nom:

  vieux/vieil/vieille/vieux/vieilles.
  du vin blanc; du café noir.

5. des adjectifs placés avant le nom:

  nouveau/nouvel/nouvelle/nouveaux/nouvelles.

6. les expressions interrogatives 'Qui est-ce que . . . ?' (personnes) et 'Qu'est-ce que . . . ?' (choses):

  Qui est-ce que vous préférez?
  Qu'est-ce que vous prenez?

7. Moi aussi/Moi non plus.

DOSSIER 9   Tu veux du vin?

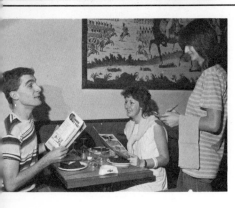

1.1   Dialogue   Ω

Irène et Michel, qui travaillent tous les deux dans le même quartier, prennent souvent leur repas de midi dans un petit restaurant.

LA SERVEUSE	Bonjour. Qu'est-ce que vous prenez aujourd'hui?
IRENE	Moi, une salade de tomates, du poisson, de la salade, et après des fruits, je crois.
MICHEL	Et moi, du pâté, du poisson et des frites.
LA SERVEUSE	*(inscrivant)*Une salade de tomates, un pâté, deux poissons, une salade et des frites.
MICHEL	*(à la serveuse)*Vous avez du vin blanc?
IRENE	Non, je n'en veux pas. Prenons du rouge.
MICHEL	D'accord. *(à la serveuse)*Apportez-nous une bouteille de rouge.

1.2   Exercez-vous

Utilisez les mots et expressions suivantes dans les phrases et les dialogues proposés.

1. E1 Vous avez [un stylo]?
   E2 Oui, j'en ai [un]. [Le] voilà.
   OU Non, je n'en ai pas.
2. E1 Vous avez [des cigarettes françaises]?
   E2 Oui, j'en ai. En voilà [une].
   OU Non, je n'en ai pas.
3. E1 Vous avez [de la bière belge]?
   E2 Oui, j'en ai. En voilà.
   OU Non, je n'en ai pas.

Mots désignant des choses qu'on peut compter	
un bifteck	des couteaux [propres]
un stylo	des cigarettes [françaises]
une orange	de [belles] pommes

Mots désignant des substances, des choses qu'on ne peut pas compter
du [bon] fromage
de la bière [belge]
de la [bonne] viande

Continuez en employant: Vous avez . . . ? — Oui, nous en avons . . .
                                     Non, nous n'en avons pas.
                       Il/Elle a . . . ? — Oui, il/elle en a . . .
                                       Non, il/elle n'en a pas.
                      Ils/Elles ont . . . ? — Oui, ils/elles en ont . . .
                                       Non, ils/elles n'en ont pas.

1.3   Exercez-vous en situation/Improvisez

E1 prend son repas seul au restaurant. E2 est le serveur ou la serveuse. Commencez ainsi que suit:

E1 Excusez-moi. Vous avez [de la moutarde française]?
E2 Mais oui. Et nous avons aussi [de la moutarde anglaise].
E1 Donnez-moi [de la moutarde française], s'il vous plaît.

Continuez à demander des choses comme de la bière allemande, un couteau propre, du vin, **etc.**

2.1 Dialogue Ω

Deux amis dans un bureau de tabac. Jean veut envoyer une lettre.

JEAN Tu n'as pas d'enveloppes?
JACQUES Si, en voilà une.
JEAN Merci. *(il écrit l'adresse)*
Tu n'as pas de timbres?
JACQUES Non, mais voilà dix francs.
Achètes-en un.
(Jean achète un timbre. On lui rend la monnaie qu'il met dans sa poche.)
Dis! Et ma monnaie.
JEAN Oh, pardon! La voilà.

2.2 Exercez-vous

E1 a besoin de quelque chose. Il/elle demande à E2, son ami(e), de lui [prêter] ce qui lui manque.

E1 Excuse-moi. Tu n'as pas [de stylo]?
E2 Si.
OU Non, mais j'ai [un crayon].

E1 Tu peux me [le prêter]?
E2 Mais oui. Tiens.
OU Non, désolé.

Noms comptables au singulier

Tu n'as pas	de journal? de briquet?	Tu peux me	le la	prêter?
J'ai	une revue. une allumette.			

Noms comptables au pluriel

Tu n'as pas	de fruits? de journaux?	Tu m'en donnes	un? une?
J'ai	des pommes. des revues.		

Noms de substances

Tu n'as pas	de vin? de café?	Tu m'en donnes?
J'ai	de la bière. du lait.	

2.3 Ecoutez et choisissez Ω

Dans une semaine ce sera l'anniversaire d'une de vos amies françaises. Vous voulez lui faire un cadeau. Vous faites une liste de cadeaux possibles que vous lui montrez. Etudiez cette liste soigneusement. Au fur et à mesure qu'elle parle, rayez ce qu'elle a ou ce qu'elle ne veut pas. A la fin, dites ce que vous allez lui offrir.

Qu'est-ce que vous pouvez lui donner?

un livre
une valise
des cigarettes
une bouteille de vin
de la musique pop
de la musique classique
un stylo

3.1 Regardez et parlez
Référez-vous au plan et utilisez les phrases.

Noms comptables au singulier

1a. E   Il y a [un parking dans la rue de la Poste].
1b. E   Il n'y a pas [de parking dans la rue Centrale].
1c. E1 Est-ce qu'il y a [un parking] près d'ici?
    E2 Oui, il y en a [un dans la rue de la Poste].
        ou Non, il n'y en a pas.

Noms comptables au pluriel

2a. E   Il y a [des hôtels dans la rue du Marché].
2b. E   Il n'y a pas [d'hôtels dans la rue Centrale].
2c. E1 Est-ce qu'il y a [des hôtels] près d'ici?
    E2 Oui, il y en a [quatre].
        ou Non, il n'y en a pas.

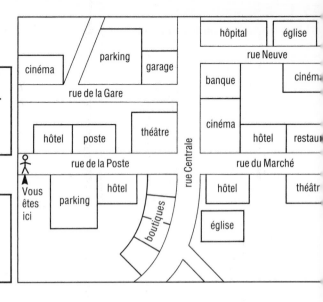

3.2 Dialogues/Improvisez
Jouez ces deux dialogues.

1. LE GARÇON   Bonjour, Monsieur.
               Je peux vous aider?
   LE MONSIEUR Oui. Est-ce qu'il y a un garage
               près d'ici?
   LE GARÇON   Oui, il y a un garage dans la rue
               Centrale.
               Tout droit et à gauche.
   LE MONSIEUR Merci.

2. LE GARÇON   Bonjour, Monsieur, Madame.
               Vous voulez une table?
   LA DAME   Non merci. Nous cherchons un
               hôtel. Est-ce qu'il y en a un près
               d'ici?
   LE GARÇON   Un hôtel? Oui, il y en a trois dans
               cette rue.
               Le plus proche est à côté de la
               banque.
   LA DAME   Merci.

En vous référant au plan donné en 3.1 ci-dessus, adaptez les dialogues pour poser des questions sur des lieux mentionnés sur le plan et pour répondre en fonction de ce plan:

un hôpital;   des cinémas;   une banque;   une poste;   des théâtres;
des églises;   une cabine téléphonique;   des boutiques.

3.3 Exercez-vous en situation
E1 et E2 sont conducteurs de camions. Ils se sont arrêtés dans un 'Routier' pour déjeuner. E2 a le menu.

E1 Il y a [du poisson] au menu?
E2 Non, il n'y en a pas.
   Mais il y a [du bifteck frites].
E1 Est-ce qu'il y a [de la salade]?
E2 Oui, il y en a.
E1 Alors prenons [un bifteck frites et de la salade].

Jouez le dialogue en vous référant au menu.
E1 demande s'il y a du vin allemand, de la viande, de la bière, du thé.

Menu

Pâté ___ 13F
Bifteck frites ___ 34F
Salade ___ 5F
Vin français ___ 8F
   italien ___ 12F
Café ___ 4F

3.4   Retenez l'essentiel   Ω

Lisez les affirmations ci-dessous. Puis écoutez deux fois la conversation (sur cassette) entre l'employé qui vend des billets de couchette à la gare, et M. Lefèvre, un passager. Mettez une croix dans une des deux colonnes, Vrai ou Faux.

	Vrai	Faux
1. L'employé a une couchette pour le train de Nice de vendredi à 21h49.		
2. Il a des couchettes pour le train de 22h17 en seconde classe.		
3. Il a une couchette de première classe pour le train de 22h17.		
4. Il n'a pas de couchettes pour vendredi.		

3.5   Improvisez

E1, un touriste francophone, visite votre ville. [Il] demande à E2 ce qu'il faut visiter.

Commencez ainsi que suit: E1 Est-ce qu'il y a/Est-ce que vous avez [de vieilles églises] dans cette ville?
E2 Oui, il y en a/Oui, nous en avons.
OU Non, il n'y en a pas/Non, nous n'en avons pas.

Continuez à nommer des endroits, et à les épeler; dites où ils sont (et épelez le nom des rues) et indiquez le chemin pour y arriver; (E2 peut proposer d'y emmener E1); posez des questions sur l'âge, la hauteur, etc. des endroits intéressants et répondez-y.

4   Résumé

4.1   Dans ce dossier vous avez appris à

1. utiliser la 2ème personne du singulier, le 'tu', pour vous adresser à quelqu'un que vous connaissez bien: Tu veux [du vin blanc]?
2. demander et donner des renseignements sur ce qui existe et ce dont quelqu'un dispose: Vous avez [du vin blanc]?
Vous n'avez pas [de poisson]?
Oui j'en ai/Oui, nous en avons.
Je n'en ai pas/Nous n'en avons pas.
3. demander à quelqu'un s'il a quelque chose que vous pourriez lui emprunter: Vous avez un stylo/des cigarettes?
Vous pouvez me [le] prêter/m'en donner [une]?
4. attirer l'attention de quelqu'un sur ce que vous donnez: (Le) voilà. En voilà [une].
5. demander si des choses ou des endroits existent: (Est-ce qu') il y a [un garage] . . . ?
et répondre: Oui, il y en a [un]. Non, il n'y en a pas.

4.2   Et vous avez utilisé

1. des formes du verbe 'avoir':   J'ai [un stylo]. Nous avons [du vin rouge].
et des verbes 'vouloir' et 'pouvoir':   Tu veux/peux [me le prêter]?
2. la réponse affirmative 'si' lorsque la question est à la forme négative: Tu n'as pas [d'enveloppes]? Si, j'en ai.
3. les pronoms 'le', 'la', 'l'', 'les' et 'en' avec 'voilà' et 'avoir':   Ton stylo? — Je l'ai. Le voilà.
Des timbres? — J'en ai. En voilà un.
4. l'article partitif avec des noms de substances: Tu veux [du vin blanc]?
5. la première personne du pluriel de l'impératif (forme en '–ons'):   Prenons [du vin rouge].

DOSSIER 10   Qu'est-ce qu'ils font?

1.1 Dialogue 🎧

Un dimanche après-midi comme beaucoup d'autres dans une grande ville. Les Lambart sont chez eux et ne savent pas trop comment tuer le temps.

ELLE   Qu'est-ce que tu fais cet après-midi?

LUI   Tu vois bien. Je lis.
      Et toi, qu'est-ce que tu fais?

ELLE   Je vais écrire à nos amis Penot.

LUI   Tu ne veux pas aller au cinéma?
      Il y a un bon film au Danton.

ELLE   Si, pourquoi pas. Ça commence à quatre heures?

LUI   Oui. Je vais prendre une douche et je viens.

1.2 Exercez-vous

Travaillez par groupes de deux. L'un mime une action comme lire, boire du thé, ouvrir un livre, s'asseoir, et l'autre lui demande ce qu'il fait ou ce qu'il va faire.

maintenant			*dans un moment*		
Qu'est-ce que	tu fais? vous faites?		Qu'est-ce que	tu vas vous allez	faire?
J'[écris une lettre].			Je vais [écrire une lettre].		
Je [prends une douche]. Nous [prenons une douche].			Je vais [prendre une douche]. Nous allons [prendre une douche].		
Je [bois du thé]. Nous [buvons du thé].			Je vais [boire du thé]. Nous allons [boire du thé].		

Utilisez: faire du café;   manger du fromage;   prendre un repas;   garer sa voiture;   prendre de l'essence;   écouter la radio.

1.3 Exercez-vous en situation

E1, un(e) ami(e) francophone en visite, vous demande où sont les gens qu'[il] connaît et ce qu'ils font, où ils vont et ce qu'ils vont faire.

E1 Où est [Jean]?
E2 [Jean]? [Il] est [au garage].
    [Il prend de l'essence].

E1 Où va [Jean]?
E2 [Jean]? [Il] va [au garage].
    [Il] va [prendre de l'essence].

1. Jacques — au café — prendre une bière.
2. Hélène — chez elle — aider sa mère.

3. Mme Penot — au parking — garer sa voiture.
4. Bertrand — dans sa chambre — lire.

2.1 Dialogue 🎧

Une jeune femme fait une enquête pour le compte d'un organisme de sondage. M. et Mme Latour ont accepté de répondre à ses questions.

L'ENQUETRICE Vous aimez le cinéma?

M. LATOUR Non, pas beaucoup!

L'ENQUETRICE Vous n'allez pas souvent au cinéma, alors?

MME LATOUR Non. Nous sortons rarement.

L'ENQUETRICE Et la télévision, vous la regardez quelquefois?

M. LATOUR Oui, le soir. Mais avec les enfants, nous ne pouvons pas toujours voir les bons programmes.

2.2 Exercez-vous

Etudiez le tableau ci-dessous et faites les exercices.

Je / Tu	bois du thé / prends une douche / fais du café	maintenant. / en ce moment. / aujourd'hui.	Je / Tu	ne/n'	bois / prends / écris	pas / jamais	de thé. / de douche. / de lettre.
Il/Elle	boit/prend/fait . . .	toujours. / rarement.	Il/Elle		boit/prend/écrit		
Nous	buvons/prenons/ faisons . . .	quelquefois. / souvent.	Nous		buvons/prenons/ écrivons		
Vous	buvez/prenez/ faites . . .	le lundi. / tous les jours. / toutes les semaines.	Vous		buvez/prenez/ écrivez		
Ils/Elles	boivent/prennent/ font . . .		Ils/Elles		boivent/prennent/ écrivent		

⚠ **Attention:** toujours, quelquefois, rarement **et** souvent **se placent après le verbe.**
Vous écrivez toujours des lettres. Vous faites souvent des voyages.

1. E   Elles [boivent] toujours [du thé]. Elles ne [boivent] jamais [de thé].
2. E   Moi, je ne [bois] pas toujours [du thé]. Je [bois] quelquefois [du café].
3. E1 Est-ce que vous [buvez]   E2 Oui, (j'[en bois]) toujours.
   toujours [du thé]?   ou Oui, (j'[en bois]) quelquefois.
                                   ou Non, (je n'[en bois]) jamais.

Reprenez en faisant varier les personnes et les actions.

2.3 Exercez-vous en situation/Parlez de vous

E1 Je [prends] toujours [une douche le matin].
E2 Toujours?
E1 Oui, et j'[en prends] toujours [une] aussi [le soir]. ou Oui, mais je n'[en prends] jamais [le soir].

Parlez maintenant de vos propres habitudes et de celles des gens que vous connaissez.
Utilisez: lire un journal;   boire du café;   manger du fromage;   boire du lait.

2.4 Ecoutez et dites ce qu'ils font 🎧

Ecoutez et dites ce que fait Jean, puis ce que font Jacques et Sylvie, et où ils sont. Enfin dites ce que fait M. Saunié.

3.1 Regardez et parlez/ Exercez-vous en situation

Voici les deux pages de l'agenda de E1 pour la semaine qui vient. Il est 9h lundi matin. Etudiez l'agenda et les expressions de temps au-dessous et faites les exercices.

Lundi *après-midi : aider mon père à la boutique* *soir : aller au cinéma avec Paul, passer la nuit chez Paul*	**Vendredi** *matin : porter la voiture au garage*
Mardi *matin : téléphoner à Jean* *soir : rentrer à la maison à 5h - attendre Sylvie*	**Samedi** *matin : aller en ville* *après-midi : regarder un match de football*
Mercredi *rester à la maison*	**Dimanche** *soir : aller à l'église (à 6 heures)*
Jeudi *soir : aller au théâtre à 9h*	**Notes** *reprendre le travail la semaine prochaine*

aujourd'hui	demain	après-demain
cet après-midi	demain matin	[jeudi]
ce soir	demain après-midi	[jeudi] matin/après-midi/soir
cette nuit	demain soir	dans [deux] jours

1. **Dites ce que va faire E1 cette semaine. Par exemple:**

   Cet après-midi il aide son père à la boutique.
   OU Il va aider son père cet après-midi.
   Ce soir il va au cinéma avec Paul.

2. **Jeu de rôle. E2, un(e) ami(e) de E1, lui demande quels sont ses plans pour la semaine. Commencez ainsi que suit, puis continuez en vous référant à l'agenda ci-dessus.**

   E2 Qu'est-ce que tu fais cette semaine, [Jean]?
   E1 Je vais aider mon père cet après-midi.
   E2 Et ce soir, qu'est-ce que tu vas faire?
   E1 Je vais voir Paul . . .

3. **Jeu de rôle/Improvisez. Reprenez l'exercice 2, mais cette fois ajoutez des détails sur le lieu, le moment, etc. Commencez ainsi que suit, et continuez à votre guise en vous référant à l'agenda ci-dessus:**

   E2 Qu'est-ce que tu fais cette semaine, [Jean]?
   E1 Cet après-midi, je vais aider mon père.
   E2 Ah, où?
   E1 Dans sa boutique.
   E2 Et qu'est-ce que tu vas faire ce soir?
   E1 Je vais aller au cinéma avec Paul.
   E2 Quel film est-ce que tu vas voir?
   E1 Un film [italien] . . .

3.2 Parlez de vous

Notez vos plans pour la semaine qui vient. Utilisez un dictionnaire si
c'est nécessaire. Puis, par groupes de deux, posez-vous des
questions sur ce que vous allez faire demain et les jours suivants.

3.3 Retenez l'essentiel ∩

Ecoutez la conversation (sur cassette) entre deux
hommes, Jean et Robert, qui se rencontrent dans la rue.
Ils parlent de ce qu'ils vont faire aujourd'hui. Lisez les
affirmations ci-dessous, et pendant que vous écoutez,
marquez d'une croix celles qui vous semblent vraies.

1. Jean ne travaille pas aujourd'hui.

2. Robert va déjeuner avec Jean à midi.

3. Alain sort du bureau à 6 heures et rentre à la maison.

4. Jean va chez le médecin avec sa femme.

5. Robert va chez Jean à 9 heures du soir.

Maintenant écoutez de nouveau et jouez la scène.

4 Résumé
4.1 Dans ce dossier vous avez appris à

1. demander ce que quelqu'un fait et à dire ce qu'il fait: Qu'est-ce que tu fais/vous faites?
Je lis.

2. demander ce que quelqu'un fait d'habitude et à dire Tu prends toujours du thé?
ce qu'il fait: Elles écrivent souvent.

3. demander ce que quelqu'un va faire et à dire ce qu'il Qu'est-ce que tu vas faire?
va faire: Je vais [prendre une douche].

4.2 Et vous avez utilisé

1. le présent de l'indicatif à toutes les personnes des J'écoute
verbes réguliers: tu écoutes
il/elle écoute Est-ce que tu écoutes?
nous écoutons Je n'écoute pas.
vous écoutez
ils/elles écoutent

2. le présent de l'indicatif de verbes irréguliers: Je fais/tu fais/il fait/nous faisons/vous faites/elles font.
Je viens/tu viens/il vient/nous venons/vous venez/elles
viennent.
Je bois/tu bois/il boit/nous buvons/vous buvez/ils
boivent.

3. la construction 'aller' + infinitif pour marquer le futur
'immédiat': Qu'est-ce que tu vas faire [cet après-midi]?

4. des adverbes de fréquence placés après le verbe: Je bois toujours du café. Elle vient quelquefois.

DOSSIER 11 — Vous pouvez me donner votre nom, s'il vous plaît?

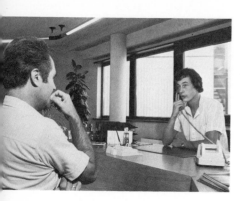

1.1 Dialogue 🎧

Marc Darmon cherche du travail. Il a un rendez-vous avec le chef du personnel d'une entreprise. Il s'adresse au bureau d'accueil.

MARC DARMON	Bonjour, Monsieur. Je voudrais voir M. Congé. J'ai rendez-vous avec lui.
L'EMPLOYE	Vous voulez me donner votre nom, s'il vous plaît?
MARC DARMON	Darmon, D...A...R...M...O...N.
L'EMPLOYE	Merci. J'appelle M. Congé. *(il appelle M. Congé sur le téléphone intérieur)* M. Darmon voudrait vous voir. *(à Marc Darmon)* Vous pouvez monter. Bureau 509, au 5ᵉ étage.

1.2 Exercez-vous en situation

E1 est secrétaire dans une maison de commerce. Vous, E2, voulez voir le directeur.

E1 Bonjour *[Monsieur]*. Vous désirez?
E2 Bonjour, *[Mademoiselle]*. Je voudrais voir le directeur.
E1 Mais oui, *[Monsieur]*. Vous pouvez me donner votre nom?
E2 *(donne son nom)* Je m'appelle *(nom)*.
E1 Excusez-moi. Comment ça s'écrit?
E2 *(épelle)*
E1 Merci bien.

1.3 Exercez-vous

Revoyez le Dossier 5, 3.1 (page 24). Puis étudiez le tableau ci-dessous et faites l'exercice.

Il/Elle	est sorti(e). n'est pas là.	Il/Elle	est est allé(e)	en ville. à la banque.
Ils/Elles	sont sorti(e)s. ne sont pas là.	Ils/Elles	sont sont allé(e)s	à la poste. chez le dentiste. chez lui/elle/eux/elles.

E1 Je voudrais voir *[Mlle Martin]*.
E2 Désolé.
    (Je crois qu') *[elle] [*est sortie]*.
    *[Elle] [*est (allée)] [*en ville]*.

1.4 Exercez-vous en situation

E1 est en voyage d'affaires dans un pays francophone. Il a rendez-vous avec un certain M. Delorme. E2 est la secrétaire de M. Delorme.

E1 Bonjour, *[Mademoiselle]*. Je voudrais voir M. Delorme.
E2 Vous avez rendez-vous?
E1 Oui, *[à quatre heures]*.
E2 M. Delorme *[est sorti.]* Il va revenir tout de suite. Vous voulez bien attendre un instant?
E1 Mais certainement. Il n'est pas encore *[quatre heures]*.

2.1 Dialogue 🎧

Mme Maillet téléphone à Mme Berthier qui travaille à la compagnie Promotel. Son appel est reçu par une opératrice.

L'OPERATRICE Ici la compagnie Promotel.
Vous désirez?

MME MAILLET Je voudrais parler à Mme Berthier.

L'OPERATRICE De la part de qui?

MME MAILLET Mme Maillet.

L'OPERATRICE *(qui n'a pas bien compris)* Pardon!
Qui est à l'appareil?

MME MAILLET Mme Maillet, M...A...I...2L...E...T.

L'OPERATRICE Un instant, s'il vous plaît.
Je vous passe Mme Berthier.

2.2 Exercez-vous

E1 fait un mauvais numéro.

E1 *(faisant le numéro)* [Cinq, deux, quatre, (cinq cent vingt-quatre),
trois, quatre, zéro, neuf (trente-quatre, zéro neuf)].

E2 Allo.

E1 Bonjour. Je voudrais parler à [Claude Deschamp], s'il vous plaît.

E2 [Claude Deschamp]? Ici c'est le [542.34.09].

E1 Oh, pardon. Excusez-moi. C'est une erreur.

E2 Ce n'est rien. Au revoir, [Monsieur].

E1 Au revoir, [Madame].

2.3 Exercez-vous en situation

E1 veut parler à son ami(e), E3. C'est E2 qui lui répond.

E2 *(décrochant le récepteur)* Allo, ici le [524.34.09].

E1 Allo. Je voudrais parler à [Claude Deschamp], s'il vous plaît.
OU [Claude Deschamp] est là, s'il vous plaît?

E2 Oui. Qui est à l'appareil?
OU De la part de qui?

E1 [Pierre Simon].

E2 Un instant, s'il vous plaît.
(après quelques instants)

E3 Allo. C'est toi, [Pierre]?

E1 Mais oui, c'est moi. Comment vas-tu?

E3 Très bien, et toi?

E1 Ça va bien.

2.4 Improvisez

Vous êtes dans un pays francophone. Donnez des coups de téléphone comme ceux illustrés en 2.1, 2.2 et 2.3,

3.1   Exercez-vous

| 1. | Comment *[il]* s'appelle? | *[Guy Riopelle]*. |
| | Comment ça s'écrit? | *[R...I...O...P...E...2L...E]*. |

Exercez-vous avec les noms suivants:
Mme Suzanne Minvielle; M. Jacques Collet; Mlle Masson; M. Pierre Mothe.

| 2. | Quel est son numéro de téléphone? | Le *[548.27.36]*. |

Exercez-vous avec les numéros suivants:

| 326.15.67 | 502.32.84 | 16.93.70.64.31 | 16.57.02.38.69 | 16.1.233.67.97 |

3.2   Regardez et parlez   ⌒

E2 téléphone aux renseignements téléphoniques pour demander un numéro. Lisez les listes ci-dessous comportant des indicatifs de départements, des noms, des adresses et des numéros de téléphone. Puis jouez la conversation qui suit en vous référant à la liste. Vous téléphonez de Paris.

Indicatifs

Marseille	16.90 + 6 chiffres
Lyon	16.78 + 6 chiffres
Bordeaux	16.56 + 6 chiffres
Toulouse	16.61 + 6 chiffres

Allais F,	52, av. du Parc	Marseille	61.23.45
Boiteux M,	38, rue du Marché	Marseille	47.38.45
Barbet A,	79, rue Nationale	Lyon	39.97.65
Cartier S,	17, av. de la Liberté	Lyon	53.82.47
Goblet R,	182, av. Charles de Gaulle	Bordeaux	71.02.26
Haller B,	39, rue Saint-Sauveur	Bordeaux	27.14.54
Ratier C,	48, rue Neuve	Toulouse	92.57.29
Savard G,	91, route du Midi	Toulouse	87.71.94

E1   Renseignements téléphoniques. C'est pour quelle ville, s'il vous plaît?
E2   *[Nice]*.
E1   Quel nom?
E2   *[Minvielle]*.
E1   Vous pouvez épeler?
E2   *[M...I...N...V...I...E...2L...E]*.
E1   Prénom?
E2   *[Simone]*. L'adresse est *[27, Boulevard Dubouchage]*.
E1   Le numéro est *[93.89.08.47]*.
E2   *[93.89.08.47]*. Merci beaucoup. Au revoir.
E1   Au revoir.

3.3   Exercez-vous en situation

Vous êtes dans un pays francophone et vous voulez téléphoner à quelqu'un dans votre pays d'origine dont vous avez oublié le numéro. Ecrivez le nom et l'adresse de cette personne, et engagez une conversation comme dans 3.2. Commencez ainsi que suit:

E1   Renseignements internationaux. Quel pays, s'il vous plaît?
E2   *[L'Australie]*.
E1   Quelle ville, s'il vous plaît?

3.4   Retenez l'essentiel   Ω

Lisez les trois messages. Ecoutez ensuite la conversation téléphonique et dites quel est le message écrit par la secrétaire. Mettez une croix sous A, B ou C.

A		B		C

M. Alain Sautet
a téléphoné.
Son numéro est
le 434.91.16

M. Pierre Chalain
a téléphoné.
Son numéro est
le 343.99.16

M. Alain Pierre
a téléphoné.
Son numéro est
le 334.91.66

Ecoutez de nouveau l'enregistrement et jouez une communication téléphonique semblable. El joue le rôle de la secrétaire; E2 s'appelle Leblanc et son numéro de téléphone est le (16)(67)58.22.15.

4   Résumé

4.1   Dans ce dossier vous avez utilisé une partie de ce que vous avez appris précédemment, en particulier dans le premier dossier et vous avez appris à

1. demander à voir quelqu'un ou à lui parler: Je voudrais voir [M. Darmon].
   et à dire à quelqu'un qu'on le met en communication   Est-ce que je peux parler à [Claude Deschamp]?
   avec son correspondant: Je vous passe [Mme Berthier].
2. excuser l'absence de quelqu'un et à dire où il est: Désolé. (Je crois) qu'il est sorti/ n'est pas là.
                                                            Il est [à la banque].
3. vous identifier au téléphone: Allo. Ici . . .
   et à demander à quelqu'un de s'identifier: Qui est à l'appareil? De la part de qui?
4. demander à quelqu'un d'épeler un nom contenant des   Vous pouvez épeler? Comment ça s'écrit?
   lettres doubles: Je m'appelle [Riopelle, R...I...O...P...E...2L...E].
5. donner des numéros de téléphone précédés de
   l'indicatif du département français: C'est le [(93)89.08.47].

4.2   Et vous avez utilisé

1. deux verbes qui forment leur passé composé avec
   l'auxiliaire 'être':   Il est sorti. Il est allé [à la banque].
2. l'accord du participe passé avec le sujet: Elle est allée.
   (Dans la plupart des cas, ces marques ne sont pas   Ils sont allés.
   prononcées, mais seulement écrites.)   Elles sont sorties.

DOSSIER 12 ██ Comment est-elle?

1.1   Dialogue   Ω

M. et Mme Cousin sont en ville. Mme Cousin croit reconnaître un journaliste connu dans la rue.

ELLE Tu vois cet homme là-bas?
LUI   Lequel? Celui qui porte un costume?
ELLE Non, pas celui-là.
      L'autre, à côté, avec un blouson.
LUI   Ah, je vois. Il porte une casquette.
ELLE Oui, et il porte un sac.
LUI   Attends. Je le connais.
ELLE Mais oui. C'est Jacques Martin, le journaliste!

Maurice Lebas Lui

1.2   Exercez-vous

Regardez les quatre dessins et faites les exercices.

1. E1 Qui est [cet homme] (là-bas)?
   E2 [Quel homme]? ou [Lequel]?
       [L'homme] [à la valise]?
   E1 Oui, c'est ça.
       [Il] porte [une valise].
   E2 [Lui], c'est [Pierre Auger].
       ou Désolé(e), je ne sais pas.

2. E1 Qui est [cette femme]?
   E2 [Quelle femme]?
       ou [Laquelle]?
   E1 [La femme] [à la robe bleue].
       C'est [Jeanne Brunet]?
   E2 Oui, c'est [elle].
       [Elle] porte [une robe bleue].
       ou Non, ce n'est pas [elle].
       [Elle], c'est [Marie Lepic].

1.3   Improvisez

E2 a emmené E1, un(e) ami(e) de langue française, à une soirée. E1 veut savoir qui sont les personnes présentes. Commencez la conversation comme suit:

E1 Excusez-moi. Qui est [cet homme] (là-bas)? [L'homme] [à la cigarette].
E2 Désolé(e). Je ne sais pas. Je ne [le] connais pas.
E1 Et qui est [cette femme]? [La femme] [à la robe bleue].
E2 [Elle], c'est [Suzanne Petit].

Ensuite, E2 présente E1 à E3. Ils se mettent à parler de ce qu'ils aiment ou n'aiment pas en musique, etc. Puis E1 et E3 échangent leur nom (épeler), adresse et numéro de téléphone.

Pierre Auger
Lui

2.1 Dialogue 🎧

Corine a dit à Bernard qu'elle passerait le voir à la Cité
Universitaire où il habite. Elle s'adresse au gardien, mais
elle a oublié de demander le nom de famille de Bernard.

CORINE	Bonjour, Monsieur. Je cherche un ami.
LE GARDIEN	Oui, comment est-ce qu'il s'appelle?
CORINE	Bernard.
LE GARDIEN	Quel est son nom de famille?
CORINE	Je ne sais pas.
LE GARDIEN	Comment est-il?
CORINE	Il est grand. Il a les cheveux longs.
	Il a des lunettes et il porte toujours des jeans.
LE GARDIEN	Ah, je vois. C'est Bernard Dutour.
	Chambre 326, Mademoiselle.

Marie Lepic   Elle

2.2 Exercez-vous

Utilisez les images du module 1.2 (page ci-contre) pour faire
l'exercice.

1. E1 C'est *[lui]*? C'est *[Bernard Ducret]*?
   E2 Oui, c'est *[lui]*.
      OU Oui, je crois (bien). OU Je crois que oui.
2. E1 Qui est *[l'homme]* *[au costume noir]*? *[Jean Tardieu]*?
   E2 Non, ce n'est pas *[lui]*.
      OU Non, je ne crois pas. OU Je crois que non.
3. E1 Est-ce que *[Pierre]* porte *[un costume gris]*?
   E2 Oui, je crois (bien). OU Je crois que oui.
      OU Non, je ne crois pas. OU Je crois que non.
4. E1 Qui est *[cet homme]* là-bas? *[L'homme]* *[au costume noir]*.
      C'est *[Paul Cartier]*?
   E2 Oui, je crois (bien). OU Non, je ne crois pas.
      OU Je crois que c'est *[Maurice Lebas]*.

2.3 Ecoutez et prenez des notes 🎧

Un collègue qui parle français vient de vous téléphoner pour que
vous alliez chercher un visiteur français à la gare. Vous ne l'avez
encore jamais rencontré et vous vous faites donner au téléphone les
indications qui vous permettront de le reconnaître à son arrivée.

Jeanne Brunet
Elle

3.1 Regardez et parlez

Regardez ces quatre personnages, lisez leur description, puis faites les exercices.

PAUL TOURNIER
cheveux: courts, blonds
yeux: bleus
taille: 1m,82 (grand)
âge: 16 ans

CATHERINE DUBOUT
cheveux: courts, blonds
yeux: verts
taille: 1m,75 (grande)
âge: 32 ans

MARIE DUSSOIS
cheveux: longs, bruns
yeux: marron
taille: 1m,50
âge: 18 ans

JEAN DURAND
cheveux: longs, bruns
yeux: bleus
taille: 1m,60 (petit)
âge: 22 ans

1. E1 Est-ce que *[Paul Tournier]* a les cheveux *[longs]*?
   E2 Non, *[il]* n'a pas les cheveux *[longs]*. *[Il]* a les cheveux *[courts]*.
2. E1 Est-ce que *[Paul Tournier]* a les yeux *[marron]*?
   E2 Non *[il]* n'a pas les yeux *[marron]*.
3. E1 Quelle est la taille de *[Paul Tournier]*?
   E2 *[Il]* est *[grand]*. *[Il]* a *[1m,82]* environ.
4. E1 Quel âge a *[Paul Tournier]*?
   E2 *[Il]* a *[seize]* ans.
5. E1 Comment est *[Paul Tournier]*?
   E2 *[Il]* est *[grand]*. *[Il]* a environ *[1m,82]*. *[Il]* a environ *[seize]* ans.
      Il a les yeux *[bleus]* et les cheveux *[courts]*.

3.2 Parlez de vous

Travaillez par groupes de deux. Posez-vous des questions sur l'âge et le physique de parents ou d'amis et répondez aux questions de votre partenaire. Par exemple:

Comment est ton/votre *[ami Jacques]*? Comment est ta/votre *[mère]*?

3.3 Exercez-vous

Utilisez les adjectifs du tableau ci-dessous pour comparer les personnages du module 3.1. Par exemple:

1.	*[Paul]*	est plus	*[petit]* *[grand]*	que	*[Catherine]*.
			[vieux] *[jeune]*		
2.	*[Marie]*	est moins	*[vieille]* *[jeune]*	que	*[Paul]*.
		a les cheveux moins	*[longs]* *[courts]*	que	*[Catherine]*.

grand(e) petit(e) vieux/vieille jeune	plus +	
brun(e) blond(e) gros(se) mince, maigre	moins −	
longs courts		

3.4 Essayez de comprendre 🎧

Ecoutez la conversation entre l'agent de police et le témoin
enregistrée sur la cassette. Prenez des notes en écoutant, puis
essayez de décrire la personne dont ils parlent.

3.5 Improvisez

E1 entre dans l'hôtel où réside un(e) de ses amis auquel il aimerait
parler. E2, le réceptionniste, demande à E1 son nom et celui de son
ami(e), mais l'ami(e) n'est pas dans sa chambre. E2 demande à E1 de
lui décrire cette personne au cas où il l'aurait vue dans l'hôtel.

4 Résumé

4.1 **Dans ce dossier, vous avez revu des éléments du Dossier 2 et d'autres dossiers et vous avez
appris comment on**

1. désigne quelqu'un d'après les vêtements ou les objets
   qu'il porte:

   Qui est *[l'homme]* *[au costume marron]*?
   [L'homme] *[au costume marron]*, c'est *[Jean]*.
   Qui est *[la femme]* *[au paquet]*?

2. exprime l'approbation:

   Je crois que oui.

   ou la désapprobation:

   Je crois que non.

3. se renseigne sur l'apparence extérieure de quelqu'un et
   comment on décrit quelqu'un en parlant de:

   ses cheveux — Il a les cheveux *[bruns]*.
   ses yeux — Elle a les yeux *[bleus]*.
   sa taille — Ils ont *[1m,70]*.
   son âge — Il a *[30 ans]* (environ).

4. compare des gens d'après:

   la taille — *[Catherine]* est plus *[grande]* que *[Marie]*.
   l'âge — *[Marie]* est plus *[jeune]* que *[Catherine]*.
   la couleur et la longueur des cheveux — *[Jean]* a les cheveux plus *[longs]* que *[Paul]*.

4.2 **Et vous avez utilisé**

1. des questions sur la taille et l'âge:

   Quelle est la taille de *[Jean]*? Quel âge a-t-*[il]*?

2. des formes du comparatif avec 'moins' et 'plus':

   moins grand que; plus petit que.

3. la structure 'à' + article défini + nom, équivalent au sens
   de 'qui porte':

   la femme au paquet.

4. l'interrogatif 'lequel/laquelle/lesquels/lesquelles':

   Tu connais cet homme là-bas? — Lequel?

5. l'accord des adjectifs avec les noms auxquels ils se
   rapportent:

   des cheveux longs; une femme grande/grosse/blonde.

⚠ marron et orange sont invariables:

   des yeux marron.

DOSSIER 13 ▮ Défense de fumer

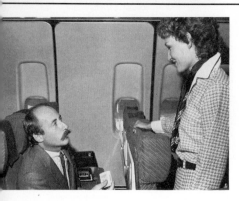

1.1 Dialogue Ω

LE PASSAGER	Pardon, Mademoiselle. Est-ce que je peux fumer?
L'HOTESSE	Non, Monsieur. Je regrette.
	Il est interdit de fumer à l'avant de l'appareil.
LE PASSAGER	Y a-t-il encore des places libres à l'arrière?
L'HOTESSE	Oui. Vous pouvez changer de place.
LE PASSAGER	Merci. Vous pouvez m'aider?
L'HOTESSE	Mais oui, je porte votre sac.
LE PASSAGER	Merci, Mademoiselle.

1.2 Exercez-vous

Demandez une permission. Etudiez ces tableaux et faites l'exercice.

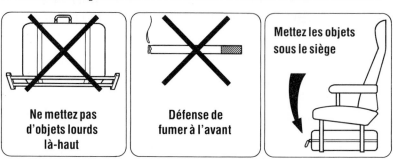

Ne mettez pas d'objets lourds là-haut

Défense de fumer à l'avant

Mettez les objets sous le siège

Est-ce	que je peux	m'asseoir ici? mettre mon sac ici?	Mais oui/certainement. Non, Monsieur. Je regrette.
	qu'on peut	s'asseoir ici? mettre son sac ici?	Désolé(e), ce n'est pas possible. Non, ne vous asseyez pas ici. Non, ne le mettez pas ici. OU Non, il ne faut pas le mettre ici. Il faut le mettre sous le siège.

1.3 Exercez-vous en situation

E1 demande à E2, un surveillant du parc, la permission de faire certaines choses.

E1 Je peux m'asseoir ici?
E2 Désolé. Ne vous asseyez pas là.
    Regardez le panneau: 'Défense de marcher sur l'herbe'.
    Vous ne pouvez pas vous asseoir sur l'herbe.
    Mais vous pouvez vous asseoir sur la chaise, là-bas.

Adaptez le dialogue aux interdictions ci-dessous:

Défense de tourner à gauche.

Défense de stationner

Il ne faut pas stationner.

Privé Défense d'entrer

Il est interdit d'entrer.

2.1 Dialogue Ω

LA VENDEUSE Qu'est-ce que vous cherchez, Monsieur?
LE MONSIEUR Je voudrais des chaussures marron.
LA VENDEUSE Bon. Si vous voulez bien vous asseoir . . .
Est-ce que vous aimez celles-là ?
LE MONSIEUR Non, pas beaucoup.
Pouvez-vous m'en montrer d'autres?
LA VENDEUSE Avec plaisir.
(quelques instants plus tard)
En voilà trois paires.
Lesquelles est-ce que vous préférez?
LE MONSIEUR Celles-là . Est-ce que je peux les essayer?
LA VENDEUSE Mais oui. Essayez-les.

2.2 Exercez-vous

Pouvez-vous Vouiez-vous	m'appeler un taxi? me donner *[*l'addition*]*? m'apporter *[*un autre couteau*]*? me donner *[*le sel*]*? me prêter *[*votre stylo*]*?	Mais oui/certainement. Avec plaisir.
		Désolé. Je ne peux pas. Non, je regrette.

2.3 Exercez-vous

Offrez de faire des choses pour quelqu'un. Utilisez les expressions données en 2.2 ci-dessus et aussi p. 15 en 2.2.

(Est-ce que) je peux vous aider?			Oui,	s'il vous plaît. s'il te plaît.
Je vais	*[*vous appeler un taxi*]*,	voulez-vous?	Non, merci.	
	*[*te chercher un café*]*, *[*prendre tes valises*]*,	tu veux?		

2.4 Improvisez

E1 et E2, qui se connaissent bien, ont été invités à une soirée chez des amis. Commencez ainsi que suit:

E1 Tu veux quelque chose à boire?
E2 Oui, s'il te plaît.
E1 Qu'est-ce que tu préfères, du vin ou de la bière?
E2 De la bière, s'il te plaît.
Dis-moi, qui est *[*cet homme, là-bas, avec la veste marron*]*?

Ensuite E1 propose à E2 de le/la présenter à E3. *[*Il*]* les présente. E2 et E3 échangent leurs adresses et leurs numéros de téléphone et parlent d'autres personnes présentes.

3.1 Dialogue ♫

Clarisse est une amie d'Aline et Serge. Elle téléphone pour savoir si elle peut passer la soirée avec eux.

ALINE   (*au téléphone*) Dis, Serge, c'est Clarisse.
             Qu'est-ce qu'on fait ce soir?

SERGE   Je ne sais pas, pourquoi?

ALINE   Clarisse veut aller au cinéma.

SERGE   Moi, j'ai envie de rester à la maison.

ALINE   (*à Clarisse*) Serge ne veut pas sortir. Viens dîner chez nous.
             Il y a un bon film à la télé.

CLARISSE D'accord. J'arrive à huit heures.

3.2 Exercez-vous

Suggestions

[Allons au restaurant]. On peut *[aller au restaurant]*.	D'accord. C'est une bonne idée. Oui, *[allons-y]*. Non, pas ce soir. Je n'ai pas envie d'*[aller au restaurant]*.

Utilisez:

aller au théâtre	dîner au restaurant	aller se promener
aller chez des amis	déjeuner en ville	aller à la campagne
aller en France	prendre l'apéritif	partir en voyage

3.3 Improvisez

Trois ami(e)s font des plans. Ils/Elles veulent sortir un soir ensemble (avec leurs femmes/maris) lors d'un prochain week-end.

E1 Qu'est-ce qu'on fait samedi soir?

E2 Je ne sais pas. Tu veux me donner le journal?

E1 Tiens, le voilà.

E2 J'ai une idée. Allons au théâtre.

E3 Oui. Mais où? A *[l'Odéon]*?

E1 Non. Ma femme/mon mari n'aime pas beaucoup le théâtre.

E3 On peut aller au restaurant. Il y a un nouveau restaurant dans
     la rue *[Neuve]*.

Continuez à faire des suggestions et des contre-propositions. Exprimez l'accord et le désaccord, les goûts et les préférences. Enfin décidez d'un lieu de rendez-vous. Parlez de cinémas, de théâtres et d'endroits que vous connaissez bien dans votre ville et indiquez la façon d'y arriver.

3.4   Retenez l'essentiel   🎧

Ecoutez la conversation sur cassette entre un homme et une femme,
et regardez les dessins. Après avoir entendu leur conversation, dites
quel cadeau ils vont faire à leur amie, selon ce que vous avez
compris.

4   Résumé

4.1   **Dans ce dossier vous avez réutilisé ce que vous aviez appris dans le Dossier 3. De plus vous
avez appris à**

1. répondre à une demande de permission avec:

   Mais certainement.
   Je regrette. Ce n'est pas possible.

2. faire une requête ou demander un service:

   Pouvez-vous/Voulez-vous [m'appeler un taxi]?

3. faire une offre ou une proposition:

   Je vais vous [chercher du thé], voulez-vous?
   Je vais te [porter ton sac], tu veux?

4. exprimer son accord à une proposition:

   D'accord. C'est une bonne idée. Allons-y.

   ou son désaccord et donner une raison:

   Non, pas ce soir. Je n'ai pas envie d'[aller au
   restaurant].

4.2   Et vous avez utilisé

1. l'expression 'il ne faut pas' + infinitif:

   Il ne faut pas le mettre ici.

2. le pronom complément d'objet direct placé avant le verbe dans
   les phrases déclaratives et avec un impératif négatif:

   Il faut le mettre . . . Je peux les essayer?
   Ne le mettez pas ici.

   après le verbe à l'impératif:

   Essayez-les.

3. l'interrogation marquée par l'inversion sujet/verbe:

   Veux-tu . . . ? Voulez-vous . . . ?
   Pouvez-vous . . . ?

DOSSIER 14 ■ C'est au premier étage

1.1 Dialogue 🎧

Une dame a pris rendez-vous chez un médecin où elle n'est pas encore allée. En arrivant dans l'immeuble, elle s'informe près de la concierge.

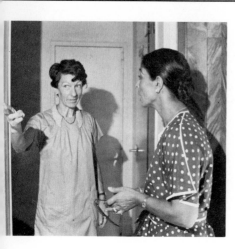

LA DAME	Bonjour, Madame. J'ai rendez-vous avec le Docteur Berton. C'est à quel étage?
LA CONCIERGE	Vous cherchez le docteur? C'est au troisième à droite.
LA DAME	Il y a un ascenseur?
LA CONCIERGE	Oui, vous pouvez le prendre.
LA DAME	Où est-il?
LA CONCIERGE	Au fond du couloir, à gauche.
LA DAME	Merci bien.

1.2 Exercez-vous

Utilisez ces dialogues en vous référant au tableau du module 1.3.

1. E1 Je cherche le bureau *[506]*.
   Où est-il, s'il vous plaît?
   E2 (C'est) au *[cinquième]* étage.
2. E2 (Est-ce que) le bureau *[506]* est au *[quatrième]* étage?
   E1 Non, il est au *[cinquième]*.
3. E1 A quel étage est le bureau *[506]*?
   E2 (Il est) au *[cinquième]* (étage).

1.3 Exercez-vous en situation

E1 cherche quelqu'un dans l'immeuble où travaille E2.

E2 Je peux vous aider?
E1 Oui, je cherche *[M. Delteil]*.
   Où est son bureau, s'il vous plaît?
E2 Il est au *[cinquième]* étage.
   Prenez l'ascenseur. C'est le bureau *[506]*,
   à côté de l'ascenseur.
E1 Merci bien.

Etage	Bureaux	
Cinquième	Bureau 506	M. Delteil
	Bureau 501	M. Lemoine
Quatrième	Bureau 403	Mme Dupeux
	Bureau 401	M. Marchand
Troisième	Bureau 307	Mlle Lebas
	Bureau 301	M. Madec
Deuxième	Bureau 209	Mme Blanc
	Bureau 202	M. Brousse
Premier	Bureau 108	Mlle Tournier
	Bureau 104	M. Lafitte
Rez-de-chaussée		
Ici, vous êtes au rez-de-chaussée.		

2.1 Lisez et parlez

Voici le tableau placé à la sortie des ascenseurs, au deuxième étage des 'Galeries du Printemps', un grand magasin. Lisez la liste. Etudiez ensuite les différents exemples et dites où se trouvent les rayons dans le magasin ainsi que les autres lieux portés sur le tableau.

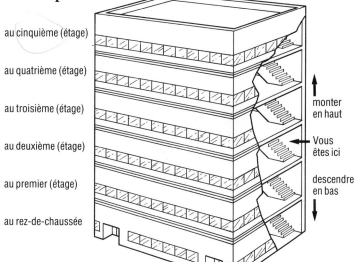

Galeries du Printemps	
Rayon	*Etage*
Articles de sport	premier
Chaussures	premier
Disques	cinquième
Livres	cinquième
Parfums	rez-de-chaussée
Radio-Télévision	quatrième
Renseignements	rez-de-chaussée
Restaurant	quatrième
Valises, sacs, bagages	quatrième
Vêtements: hommes	troisième
: femmes	deuxième
: enfants	deuxième
Téléphone	rez-de-chaussée
Toilettes: dames	premier
: messieurs	deuxième
Ici, vous êtes au deuxième étage.	

au cinquième (étage)
au quatrième (étage)
au troisième (étage)
au deuxième (étage)
au premier (étage)
au rez-de-chaussée

monter en haut
Vous êtes ici
descendre en bas

Exemples:

1. *[Le bureau d'information]* est au *[rez-de-chaussée]*. C'est en *[bas]*.
   OU *[Le rayon des livres]* est au *[cinquième]*. C'est en *[haut]*.
2. *[Le bureau d'information]*, c'est en *[bas]*, au *[rez-de-chaussée]*.
   OU *[Les livres et les disques]*, c'est en *[haut]*, au *[cinquième]*.
3. Pour *[les livres]*, montez au *[cinquième]*.

2.2 Exercez-vous en situation

Un étranger de langue française, E1, vous arrête dans un grand magasin pour vous demander de l'aider à se diriger. Vous êtes au deuxième étage. Reportez-vous au tableau donné en 2.1 ci-dessus.

E1 Excusez-moi.
E2 Oui?
E1 Vous pouvez me donner un renseignement?
   Où est *[le restaurant]*, s'il vous plaît?
E2 Désolé(e), je ne sais pas.
   OU Je crois que c'est en *[haut]*, au *[quatrième]*.
   OU *[Le restaurant]*? C'est en *[haut]*, au *[quatrième]*.
E1 Merci bien.

2.3 Ecoutez et répondez aux questions 🎧

Vous vous trouvez près du bureau d'information d'un grand magasin. Plusieurs touristes francophones viennent demander des renseignements. L'hôtesse leur répond en français. Ecoutez leur conversation, puis répondez à ces questions.

1. Où est le restaurant?
2. Où va l'homme?
3. A quel étage est le rayon des livres?
4. Où est le bureau du directeur?

3.1 Regardez et parlez

Reportez-vous au plan donné en 3.2 ci-dessous.

1.	C'est	la première/deuxième/troisième/quatrième/cinquième	à	droite.
	[La rue Centrale], c'est			gauche.

2.	La première/deuxième/troisième/quatrième/cinquième	à	droite,	c'est *[la rue Centrale]*.
			gauche,	

3.	Vous pouvez me dire où se trouve *[la rue Centrale]*?
	Vous pouvez m'indiquer le chemin de *[la gare]*?

Prenez Suivez Montez Descendez	*[la rue de France]* et c'est la *[troisième]* à *[gauche]*.

3.2 Exercez-vous 🎧

Un touriste, E1, demande son chemin à un passant, E2. Etudiez d'abord le plan.

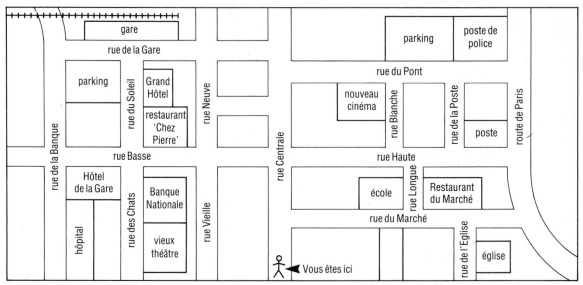

E1 Excusez-moi. Vous pouvez me dire où se trouve *[la rue du Soleil]*, s'il vous plaît? Je voudrais aller *[au restaurant 'Chez Pierre']*.

E2 Oui, *[prenez la rue Centrale]*.

E1 Je *[prends la rue Centrale]*.

E2 Et *[tournez à gauche dans la rue Basse]*.

E1 Je *[tourne à gauche dans la rue Basse]*.

E2 Ensuite *[prenez la deuxième rue à droite]*.

E1 Je *[prends la deuxième rue à droite]*.

E2 Oui, c'est *[la rue du Soleil]*.

['Chez Pierre'] est *[au coin, à côté du Grand Hôtel]*.

E1 Merci beaucoup.

3.3 Retenez l'essentiel Ω

a. **Regardez ce plan. Puis écoutez la conversation enregistrée (sur cassette) entre M. Beaujeu et son ami. Pendant que vous écoutez, dessinez le chemin que M. Beaujeu indique à son ami.**

b. **Ecoutez de nouveau l'enregistrement, et inscrivez les noms des bâtiments 1–4.**

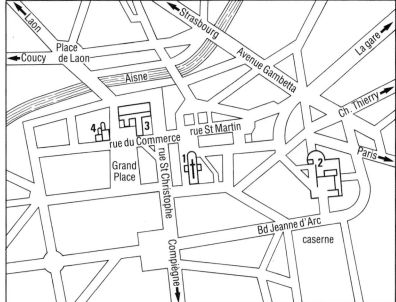

3.4 Improvisez

1. **Vous vous trouvez dans le hall d'un grand immeuble. Des visiteurs français vous demandent comment trouver le bureau 15, les toilettes, le téléphone, le café, etc. Vous leur donnez des renseignements.**
2. **Vous vous trouvez à l'extérieur de l'immeuble. Des touristes francophones vous demandent le chemin du parking le plus proche, de la gare, de la poste, d'un bon restaurant, etc. Donnez-leur les renseignements.**

4 Résumé

4.1 Dans ce dossier vous avez utilisé tout ce que vous aviez appris dans le Dossier 4 et vous avez appris à

1. demander où se trouvent des endroits et à chercher votre chemin à l'intérieur d'un immeuble: indiquer où se trouvent des endroits à l'intérieur d'un immeuble:	Où est le bureau [506], s'il vous plaît? Je cherche [M. Delteil]. [Son bureau] est en [haut] au [cinquième] étage. Prenez l'ascenseur. C'est [au bout du couloir].
2. demander votre chemin dans la rue: indiquer le chemin à quelqu'un:	Vous pouvez me dire où se trouve [la rue Centrale]? Vous pouvez me montrer le chemin de [la gare]? Je voudrais aller [à la poste]. C'est la [deuxième] à [droite]. La [troisième] à [gauche] c'est [la rue Neuve]. Prenez/suivez/montez/descendez [la rue de France]. Tournez dans [la rue de la Gare]. Prenez la [troisième] à [gauche].

4.2 Et vous avez utilisé

1. l'impératif:	Prenez [l'ascenseur]. Montez [au cinquième].
2. des adverbes de lieu:	en haut; en bas.
3. une expression interrogative avec 'quel':	A quel étage est [le bureau de M. Delteil]?

DOSSIER 15 — Où est-elle allée?

1.1 Dialogue 🎧

Nicole téléphone à son amie Corine. C'est le frère de Corine, Georges, qui répond.

NICOLE   Allo? Je voudrais parler à Corine.
GEORGES   C'est toi, Nicole? Corine est sortie.
NICOLE   Tu sais où elle est allée?
GEORGES   Je crois qu'elle est allée à la poste.
NICOLE   Elle va revenir à quelle heure?
GEORGES   Je ne sais pas. Elle est partie à quatre heures. Attends!
           J'entends du bruit. C'est elle.
           Elle est rentrée. Corine, viens vite!
           On te demande au téléphone.

1.2 Exercez-vous

Etudiez ce tableau et faites les exercices qui suivent.

Où				au	garage/match de football/marché.
	es-tu allé(e)	hier?		à la	pharmacie/maison.
	est-il allé	hier soir?	Je suis allé(e)	à l'	école/épicerie/arrêt du bus.
	est-elle allée	la semaine dernière?	Il est allé / Elle est allée	à	Paris, Lyon, Nice, Bordeaux.
	êtes-vous allé(e)(s)	lundi dernier?	Nous sommes allé(e)s / Vous êtes allé(e)(s)	en	ville/France/Espagne/vacances.
	sont-ils allés		Ils sont allés / Elles sont allées	chez	lui/elle/eux/elles/le docteur.
	sont-elles allées				déjeuner/dîner/travailler.

1. E1 Où *[es-tu allée]* *[hier soir]*?
   E2 *[Je suis allée]* *[au restaurant]*.
2. E1 Où *[sont-ils allés]* *[la semaine dernière]*?
   E2 (Je crois qu') *[ils sont allés]* *[à Nice]*.

3. E1 *[Jeanne est]* là?
   E2 Non, *[elle est sortie]*.
   E1 *[Elle est allée]* *[chez le dentiste]*?
   E2 Non. *[Elle est rentrée]* *[chez elle]*.

1.3 Exercez-vous en situation/Improvisez

E2 arrive très en retard au bureau de M. Legros avec lequel il avait rendez-vous pour aller déjeuner. La secrétaire de M. Legros, E1, est encore là.

E1 Bonjour, Monsieur.
E2 Bonjour. M. Legros est encore là? J'ai rendez-vous avec lui.
E1 Je suis desolée. M. Legros est parti. Il est allé au restaurant. Il vous attend.

Continuez. E2 demande à E1 où est le restaurant. E1 lui donne l'adresse et les indications nécessaires pour le trouver, puis E1 téléphone à son patron pour lui dire que E2 arrive.

2.1 Exercez-vous

Etudiez le tableau et faites les exercices qui suivent.

Où	est-il? est-il allé? sont-ils? sont-ils allés?	Je ne sais pas.	Il est Ils sont	peut-être	*dedans* dans la cuisine au bar au lit	
					dehors dans le jardin dans le parc en ville	
					allé(s) parti(s) sorti(s) monté(s) descendu(s)	à la poste dans le parc en ville au garage au bar

1. E *[Il est]* *[dehors]* — *[dans le jardin]*.
2. E *[Il n'est pas]* *[dehors]*. *[Il est]* peut-être *[dedans]* — *[dans la cuisine]*.
3. E1 Où *[sont-ils]*?
   E2 Je ne sais pas. *[Ils sont]* peut-être *[dehors]* — *[dans le parc]*.
4. E1 Je cherche *[Jean]*. Où *[est-il allé]*? *[Il n'est pas]* *[dedans]*.
   E2 *[Il est]* peut-être *[sorti]* *[en ville]*.

2.2 Dialogue 🎧

**Deux étudiantes se demandent pourquoi
leur amie Corine n'est pas venue au cours.**

FRANÇOISE Qui est-ce que tu cherches?

HELENE Corine. Elle n'est pas venue
aujourd'hui.
Tu sais pourquoi?

FRANÇOISE Non, elle est peut-être malade.

HELENE Je crois que non. Nous sommes
allées chez des amis hier soir, et
nous sommes rentrées à deux
heures du matin!

FRANÇOISE Tu crois qu'elle est restée chez
elle?

HELENE Oui. On va lui téléphoner. Tu
vas voir.

2.3 Ecoutez et prenez des notes 🎧

**Un de vos amis français vient d'arriver dans votre pays. Il vous
téléphone de son hôtel. Il aimerait vous retrouver et il suggère un
lieu de rendez-vous. Pendant qu'il parle, vous prenez des notes pour
savoir quand et où vous allez le retrouver.**

64

3.1 Dialogues 🎧

ELLE Ah! Tu es rentré. Où es-tu allé?

LUI Je suis allé voir le match de football. Et toi, où es-tu allée?

ELLE Moi, je suis restée ici, à la maison.

JEUNE FEMME Ah! Te voilà!

SON AMIE Pardon. Je suis en retard. Je suis allée faire des courses. Et toi, où es-tu allée?

JEUNE FEMME Moi, je suis allée travailler, comme tous les jours.

LUI Bonjour Claudine. Où es-tu allée?

ELLE Je suis allée en vacances.

LUI Quand es-tu partie?

ELLE Le mois dernier, et je suis rentrée ce matin. Je suis restée deux semaines à Nice.

3.2 Exercez-vous

Etudiez le tableau et faites les exercices qui suivent.

Je suis Elle est Nous sommes	allé(e)(s)	me/se/nous promener. voir des amis. déjeuner/dîner. garer la voiture. essayer un costume.	porter un paquet. téléphoner à [mes] parents. parler à Jean. faire des courses.

1. E1 Ah! Vous êtes rentré(e)s.
   Où êtes-vous allé(e)s?
   E2, E3 Nous sommes allé(e)s
   [nous promener].
   E1 Et moi, je suis allé(e)
   [voir des amis].

2. E1 Tiens! Voilà [Claire].
   Où [est-elle allée]?
   [Faire des courses]?
   E2 Je crois que oui.
   OU Je crois que non.
   Je crois qu'[elle est allée]
   [voir des amis].

Adaptez les dialogues pour utiliser les verbes du tableau ci-dessous.

Je suis Il est Elle est Nous sommes	monté(e)(s)… parti(e)(s)… sorti(e)(s)… venu(e)(s)… revenu(e)(s)… descendu(e)(s)…

3.3 Exercez-vous en situation/Improvisez
Vous, E2, avez invité un Français de passage, E1, à venir vous voir
chez vous ou à votre bureau à trois heures. Il est maintenant quatre
heures et E1 vient de téléphoner. Commencez ainsi que suit, et
donnez-lui ensuite les indications nécessaires pour arriver jusqu'à
vous:

E1 Pardon. Je suis en retard. Je suis allé [chez le docteur].
E2 Ce n'est rien. Où êtes-vous maintenant?
E1 Je suis dans la rue [Neuve]. Pouvez-vous m'indiquer le chemin de
   votre maison/bureau?
E2 Ma maison/Mon bureau est dans la rue [de Paris].

3.4 Retenez l'essentiel   Ω
Ecoutez la conversation enregistrée entre M. Hamon et le portier de
l'hôtel, et prenez le message.

3.5 Improvisez
Un(e) de vos amis français et vous avez décidé de vous retrouver à
19h30 devant un cinéma. Vous arrivez tous les deux à 19h50. Vous
vous excusez et vous expliquez où vous étiez.

4 Résumé
4.1 **Dans ce dossier vous avez réutilisé ce que vous avez appris dans le Dossier 5, et vous avez aussi
appris à**

1. justifier l'absence de quelqu'un: (Désolé(e)). Il est allé [à la poste].
2. demander et dire où quelqu'un est, ou est allé: Il est dehors. — Il est dedans.
   Il est sorti. — Il est rentré.
3. suggérer que quelqu'un est, ou est allé, à un certain
   endroit: Il est peut-être parti [chez lui].
4. demander à quelqu'un où il est allé et à dire où on est
   allé et quand on est revenu: Où es-tu allé(e)?
   Je suis allé(e) [en vacances à Nice] et je suis rentré(e)
   [ce matin].

4.2 **Et vous avez utilisé**

1. des adverbes de lieu: dedans — dehors.
2. des adverbes de temps: hier; ce matin; lundi dernier; le mois dernier.
3. un adverbe marquant l'hésitation, la suggestion: Elle est peut-être [chez elle].
4. le passé composé de quelques verbes de mouvement
   avec l'auxiliaire 'être', et vous avez fait l'accord en
   genre et en nombre entre le sujet et le participe passé: Il est entré/ rentré/ monté/ passé/ arrivé.
   Elle est sortie/ partie.
   Ils sont venus/ revenus/ descendus.

DOSSIER 16 — Vous partez en vacances?

1.1 Dialogue ♫

Deux amis ont décidé de faire un voyage ensemble. L'un d'eux s'est chargé de prendre les billets et de réserver les places. Ils se retrouvent dans un café.

ALAIN   Tu as les billets?
           Quand est-ce que nous partons?

BERNARD   Tiens, les voilà. Nous partons le dimanche 29 de Roissy à 15h30.

ALAIN   Comment est-ce qu'on va à Roissy? En taxi?

BERNARD   En taxi, c'est trop cher. Il y a des trains toutes les vingt minutes de la gare du Nord. Il faut environ quarante minutes.

ALAIN   Le dimanche aussi?

BERNARD   Oui, pas de problème.
           Rendez-vous à la gare du Nord à 1h30.
           D'accord?

1.2 Exercez-vous

Etudiez le tableau et faites les exercices qui suivent.

Il y a Nous avons	des	bus vols trains	tous les	jours de la semaine lundis	à	9 heures. 9 heures et demie. 10 heures moins le quart.
Il n'y a pas Nous n'avons pas	de	bus vols trains	le	mardi. samedi.		
			pendant le week-end.			

1. E1   Est-ce qu'il y a des *[vols] [pendant le week-end]*?
   E2   Non, il n'y en a pas, mais il y a des *[vols] [le lundi]* à *[9 heures]*.
2. E1   Vous avez des *[vols] [le samedi]*?
   E2   Non, nous n'en avons pas, mais nous avons des *[vols] [le vendredi]* à *[15h30]*.

1.3 Exercez-vous

Etudiez le tableau et donnez des renseignements à un autre étudiant sur les facilités de transport dans votre secteur.

Le train L'avion Le bateau Le bus	part de	la Gare du Nord (l'Aéroport d') Orly Nice l'aérogare	toutes les vingt minutes tous les quarts d'heure	
			à	dix heures et demie du matin neuf heures du soir
et arrive à		Roissy Madrid	quarante minutes après.	
			à midi quarante-cinq.	

Exemple: L'avion part d'Orly à dix heures et demie du matin et arrive à Madrid à midi quarante-cinq.

2.1 Dialogue 🎧

Bernard et Marie Ducrot ont invité Alain avec d'autres amis. Mais Alain a beaucoup d'occupations professionnelles et il est retenu au bureau. Il téléphone aux Ducrot pour s'excuser.

ALAIN   Allo, c'est toi Bernard?

BERNARD Oui, qu'est-ce qu'il y a Alain?

ALAIN   Excuse-moi. Je serai en retard.
         Ne m'attendez pas. Commencez à dîner sans moi.

BERNARD Quand est-ce que tu arriveras?

ALAIN   Je ne partirai pas du bureau avant huit heures.
         Je ne serai pas chez vous avant neuf heures.

BERNARD Ça va bien. Nous t'attendrons. A bientôt.

2.2 Exercez-vous

a. Révisez les références au futur: dans une heure, le mois prochain, cet après-midi, etc. (10/3.1, p. 44)

b. Apprenez la conjugaison du futur.

c. Faites les exercices qui suivent le tableau.

Je serai à l'heure	après-demain.
Tu viendras nous voir	dans un mois.
Il/Elle partira en retard	demain matin.
Nous t'attendrons	jusqu'à 6 heures.
Vous irez aux Etats-Unis	cette année.
Ils/Elles arriveront à Paris	l'année prochaine. dans une semaine.

1. E1 *[Tu ne seras pas] [en retard] [demain matin]?*
   E2 Non, *[j'arriverai] [à l'heure].*
2. E1 *[Je ne partirai pas] [avant 6 heures].*
   E2 *[Nous t'attendrons] [jusqu'à 8 heures].*

3. E1 Quand est-ce que *[vous viendrez nous voir]?*
   E2 *[Nous viendrons] [l'année prochaine].*
   E1 Où est-ce que *[vous irez] [cette année]?*
   E2 *[Nous irons] [en Espagne].*

2.3 Exercez-vous en situation

E1 et E2, deux collègues, parlent de leurs projets de voyage.

E1 Quand est-ce que vous serez à *[Hambourg]?*
E2 Je pense que j'y serai *[après-demain].*
E1 Et quand est-ce que vous reviendrez?
E2 Je reviendrai *[dans une semaine].*

1. Londres — mardi prochain — dans un mois.
2. Montréal — le mois prochain — dans six mois.
3. Lausanne — demain — lundi prochain.
4. Bruxelles — ce soir — demain soir.

Discutez de vos projets de la même manière.

2.4 Ecoutez et prenez des notes 🎧

Vous êtes à l'étranger et vous appelez la réception de votre hôtel pour vous renseigner sur une excursion. Ecoutez attentivement et prenez des notes sur les horaires.

68

3.1 Exercez-vous

Etudiez les adverbes de temps du tableau, les formes de l'imparfait
de 'être', puis faites les exercices.

hier matin hier après-midi } hier hier soir		ce matin cet après-midi } aujourd'hui ce soir		Il est maintenant 22h30

Je suis Tu es Il/Elle est Nous sommes Vous êtes Ils/Elles sont	toujours	en retard. en avance. à l'heure.	J' Tu — étais Il/Elle était Nous étions Vous étiez Ils/Elles étaient	en retard [ce matin] et [hier matin].
L'avion	a toujours du retard.		L'avion	avait du retard [ce matin].
Les trains	ont toujours du retard.		Les trains	avaient du retard [hier matin].

1. E   [Je suis] toujours [en retard].
       [J'étais] [en retard] [ce matin] et [hier matin].
2. E   [Je n'étais pas] [en retard] [hier]. [J'étais] [en avance].
3. E1 [Tu étais] [en retard] [hier]?   E2 Oui/Non.
4. E1 [Le bus avait] du retard [ce matin]?   E2 Non, [il était] à l'heure.

3.2 Dialogue   𝇅

Deux amies se téléphonent au retour de vacances.

MICHELE   Allo, Delphine! Vous êtes revenus?
          Vous n'étiez pas là hier soir.
DELPHINE Non, nous sommes rentrés tard, à minuit.
          Notre train avait beaucoup de retard.
MICHELE   Nous, nous étions à l'heure hier matin.
          C'est une chance.
DELPHINE Alors, on se voit quand?
MICHELE   Demain soir, si tu veux. Après le bureau.
DELPHINE C'est vrai. Il y a le bureau.
          On était si bien en vacances!

3.3 Exercez-vous

Faites les exercices suivants pour demander et dire quand vous êtes
arrivés.

1. E   Je suis arrivé à [six heures] [ce soir].
2. E   Moi, je ne suis pas arrivé à [six heures] mais à [sept].
3. E1 Vous êtes arrivé à [six heures]?   E2 Oui/Non.
4. E1 Quand est-ce que vous êtes arrivé?   E2 (Je suis arrivé) [ce soir] à [six heures].

3.4   Retenez l'essentiel   Ω

Deux amies parlent de leurs projets de vacances. Ecoutez la conversation enregistrée et dites où Marie-Claude et Hélène vont passer leurs vacances, et quand elles vont partir.

	Où?	Quand?
Marie-Claude		
Hélène		

4   Résumé

4.1   Dans ce dossier vous avez réemployé ce que vous avez appris dans le Dossier 6 et vous avez aussi appris à

1. demander et dire quand il y a des vols, des trains, des bus, en donnant les jours et les heures:

   Il y a des *[vols] [tous les jours]* à *[9 heures]*.
   Il n'y a pas de *[vol(s)] [le lundi]*.

2. demander et dire quand le moyen de transport part et arrive:

   [Le train] part de *[la Gare du Nord]* à *[14h35]* et arrive à *[Lille]* à *[16h50]*.

3. demander et dire si vous serez à l'heure, en avance ou en retard:

   Tu seras à l'heure/ en retard/ en avance *[demain matin]*?
   Je serai *[à l'heure]*.

4. demander et dire quand quelqu'un était à l'heure, en retard et quand il est arrivé:

   Ils n'étaient pas *[en retard] [hier matin]*.
   Elles sont arrivées à *[6 heures] [hier soir]*.

5. exprimer des actions au futur:

   Ils partiront *[demain]*.

6. demander ce qui arrive, ce qui ne va pas:

   Qu'est-ce qu'il y a, *[François]*?

7. demander et dire comment on voyage:

   Comment est-ce qu'on va à *[Roissy]*? — En *[train]*.

4.2   Et vous avez utilisé

1. des adverbes de temps:

   hier matin; demain matin, etc.

2. des prépositions suivies d'expressions de temps:

   avant six heures; pendant le week-end; jusqu'à huit heures.

3. le futur des verbes 'être', 'venir,' 'aller,' et des verbes réguliers (les terminaisons sont celles du verbe 'avoir' au présent: j'**ai**, tu **as**, il **a**, nous av**ons**, vous av**ez**, ils **ont**):

   Ils seront là après-demain. Tu viendras nous voir.
   Il ira en vacances. Je ne partirai pas avant huit heures.
   A quelle heure est-ce que tu arriveras?

4. l'imparfait du verbe 'être' (ét-+ ais, ait, ions, iez, aient):

   J'étais en retard.

5. l'imparfait du verbe 'avoir' (av-+ ais...):

   Nous avions beaucoup de retard.

6. l'adverbe interrogatif 'comment':

   Comment est-ce qu' *[on y va]*? — *[En bus]*.

DOSSIER 17 ▪ Faites vos achats

1.1 Dialogue 🎧
M. Penot va acheter une montre.

M. PENOT	Combien est-ce que cette montre coûte?
LA VENDEUSE	Neuf cents francs, Monsieur.
M. PENOT	Et celle-là, avec le bracelet noir?
LA VENDEUSE	Celle-là est plus belle, mais elle est plus chère… Elle coûte deux mille six cents francs.
M. PENOT	Malheureusement, c'est trop cher pour moi.
LA VENDEUSE	Vous n'aimez pas les autres?
M. PENOT	Non, elles sont trop grosses. Je vais prendre la première.

1.2 Exercez-vous
Etudiez le tableau, puis faites l'exercice qui suit en vous reportant aux étiquettes.

Payez en argent français

Pièces de: (1 fr.) (2 fr.) (5 fr.) (10 fr.)

Billets de: [10 fr.] [50 fr.] [100 fr.] [200 fr.] [500 fr.]

On écrit: 10,60 F
1320,10 F

On dit: Dix francs soixante.
Mille trois cent vingt francs dix.

E1 Combien ça coûte?
E2 Ça coûte [cinquante deux] francs.

47F   21F50   36F70   193F30

4F95   1236F   31F10   9F25

1.3 Exercez-vous en situation
E2 achète des objets dans un grand magasin.

E1 [Cette valise] est très [belle], Madame.
E2 Oui, mais [elle] est trop [grande]. Je cherche quelque chose de plus [petit].
E1 Qu'est-ce que vous pensez de [celle-là]? [Elle] est plus [petite].
E2 Oui, [elle] est assez [grande] pour moi. Combien est-ce qu'[elle] coûte?
E1 [Sept cents] francs.
E2 Bon. Je l'achète. OU Je [la] prends.

	trop	*plus*
une valise:	grande	petite
un costume:	cher	bon marché (*comparatif:* meilleur marché)
un stylo:	lourd	léger
une radio:	grosse	petite

2.1 Dialogue 🎧

Françoise et Jeanne cherchent un cadeau pour la Fête des Mères.
Elles viennent de voir un beau chemisier dans une vitrine. Elles
entrent dans le magasin.

FRANÇOISE Bonjour Madame. Quel est le prix du chemisier bleu?
LA VENDEUSE Il coûte six cents francs.
FRANÇOISE C'est cher!
LA VENDEUSE Il est en soie, Mademoiselle.
C'est un très beau chemisier.
JEANNE (à Françoise) Il est très bien pour maman, tu sais.
(à la vendeuse) Vous avez la taille quarante en bleu?
LA VENDEUSE Non, je suis désolée. Je n'ai plus de quarante.
JEANNE Tant pis! Au revoir, Madame.

Les tailles des vêtements

Femmes

françaises	américaines	anglaises	centimètres
36	7	10	87–91
38	9	12	91–95
40	11	14	95–99
42	13	16	100–104
44	15	18	105–109

Hommes

françaises (cm)	anglaises (pouces)
91	36
96	38
102	40
106	42
112	44
116	46

2.2 Exercez-vous

Inspirez-vous du dialogue et utilisez les mots de la liste de droite.

E1 En quoi est [cette robe]?
sont [ces chaussures]?
En [coton]? En [nylon]?
En [cuir]? En [plastique]?
E2 [Elle] est en [nylon]. [Elles] sont en
[cuir].

1. cette robe — coton/nylon
2. ces chaussures — cuir/plastique
3. ces pantalons — tergal/toile
4. ce sac — plastique/cuir
5. ce chapeau — feutre/fourrure
6. ces chemisiers — soie/nylon
7. cette jupe — laine/tergal

2.3 Exercez-vous

Consultez le tableau de droite pour utiliser le dialogue avec des
variations.

E1 Quelle est la pointure de ces chaussures?
E2 C'est du [41].
E1 Vous croyez que c'est ma pointure?
E2 Quelle pointure faites-vous [aux Etats-Unis]?
E1 Du [9].
E2 Je crois que ça va.

Les pointures des chaussures

françaises	anglaises	américaines
35	2½–3	4½–5
36	3–3½	5–5½
37	4–4½	6–6½
38	5–5½	7–7½
39	5½–6	7½–8
40	6½–7	8½–9
41	7–7½	9–9½
42	7½–8	9½–10
43	8½–9	10½–11

2.4 Exercez-vous en situation/Improvisez

Vous êtes en vacances à l'étranger et vous voulez acheter des
cadeaux pour vos parents. Vous parlez à une vendeuse, E2.
Commencez ainsi que suit et ensuite demandez-lui le prix des objets,
et si on peut les livrer là où vous habitez. Donnez votre nom et votre
adresse et épelez-les si nécessaire.

E2 Vous désirez, Monsieur/Madame/Mademoiselle?
E1 Je cherche [une chemise] pour mon père.
E2 Oui, quelle taille?
E1 Du [39], je pense.
E2 En voilà [une belle]. [Elle] est en [coton].

les tailles des chemises d'homme	
françaises (centimètres)	anglaises (pouces)
38	15
39	15.5
40	16

3.1 Dialogue 🔊

M. Berthier fait ses courses chez l'épicière.

L'EPICIERE   Voyons, M. Berthier, vous avez deux kilos de pommes de terre, une livre de tomates, trois livres d'oranges et quatre citrons. Ce sera tout?

M. BERTHIER   Non, donnez-moi aussi un litre de lait et un kilo de carottes.

L'EPICIERE   Voilà.

M. BERTHIER   Quel est le prix des fraises aujourd'hui?

L'EPICIERE   Elles sont encore chères, 25 francs le kilo.

M. BERTHIER   Oui, vous avez raison. J'attendrai. Combien ça fait?

L'EPICIERE   Six et cinq, onze et douze, vingt-trois et quatre, vingt-sept, et six, trente-trois. Ça fait 33 francs, Monsieur.

3.2 Exercez-vous

Etudiez les prix de l'épicier et faites les exercices.

1. E Les [choux] coûtent [5 F pièce].
2. E Les [pommes de terre] coûtent [3 F le kilo].
3. E1 Combien coûtent les [tomates]?
   E2 (Elles coûtent) [10 F le kilo].
4. E1 Combien coûtent les [citrons]?
   E2 (Ils coûtent) [1 F pièce].

Prix du jour

Choux	5F pièce
Citrons	1F pièce
Oranges	8F le kilo
Carottes	3F le kilo
Pommes de terre	3F le kilo
Tomates	10F le kilo
Salades	3F pièce
Pommes	6F le kilo
Fraises	25F le kilo

3.3 Exercez-vous en situation

E2 fait des courses chez l'épicier.

E1 Vous désirez, Monsieur/Madame?
E2 Donnez-moi [un chou], s'il vous plaît.
E1 Voilà. Ça fait [5 francs]. Ce sera tout?
E2 Quel est le prix [des tomates]?
E1 [Dix francs le kilo]. [Elles sont] très [bonnes].
E2 Je voudrais [une livre de tomates].
E1 [Une livre]? Ça fait [5 francs].
E2 Ça fait combien en tout?
E1 [Cinq et cinq, dix]. Ça fait [10 francs]. Merci.

une livre un kilo 3 livres 5 kilos	de	pommes de terre carottes tomates fraises
un litre		lait

3.4 Improvisez

Un touriste français, E1, en visite dans votre pays, vous demande quand les boutiques ouvrent et ferment, et vous interroge sur le prix des choses.

E1 veut savoir entre autres le prix d'un sac de cuir, d'une chemise en coton, d'une bouteille de vin, et combien coûtent les fruits et les légumes. Commencez ainsi que suit:

E1 A quelle heure est-ce que les boutiques ouvrent?
E2 *lui donne le renseignement.*

3.5 Retenez l'essentiel 🎧

Une cliente achète des fruits et des légumes chez l'épicier. Ecoutez
la conversation enregistrée, et dites combien ça coûte.

4 Résumé

4.1 Dans ce dossier vous avez réemployé une partie de ce que vous avez appris dans le Dossier 7 et
dans d'autres dossiers, mais aussi beaucoup de choses nouvelles. Vous avez appris à

1. demander et dire combien quelque chose coûte en argent français:	Combien ça fait?
	Combien coûte [cette montre]?
	Quel est le prix de [cette montre]?
	Elle coûte [neuf cents francs].
2. dire la raison pour laquelle un objet ne vous convient pas:	C'est trop [cher] pour moi. C'est trop [gros].
3. préciser ce qu'on cherche en termes de taille, de prix, de poids:	Je cherche quelque chose de plus petit/cher/lourd, etc.
4. dire que vous achetez quelque chose:	Donnez-le/la moi. Je le/la prends.
5. demander et dire en quoi quelque chose est faite:	En quoi c'est (fait)? — C'est en [cuir].
6. demander et dire la taille que vous désirez:	Quelle est la taille de [ce chapeau]? — [57].
	Je cherche [un chapeau], taille [57].
	Quelle taille faites-vous? — (Je fais) du [57].
7. demander et dire combien les fruits et les légumes coûtent à la pièce, à la livre et au kilo:	Les [choux] coûtent [5 francs pièce].
	Ça fait [35 francs].
8. préciser la quantité désirée:	Une livre/ un kilo de [carottes], s'il vous plaît.

4.2 Et vous avez utilisé

1. des adjectifs au comparatif:	plus petit/ grand/ gros/ lourd que…
2. 'trop' et 'assez':	C'est trop [cher]. C'est assez [grand] pour moi.
3. des mots et expressions interrogatifs:	Combien ça fait?
	Quel est le prix de [cette montre]?
	Quelle est la taille de [ce chapeau]?
	En quoi c'est fait?
4. quelque chose + de + adjectif:	Je cherche quelque chose de [plus petit].
5. le/la + indication de poids:	[25 francs] le kilo; [5 francs] la livre.

DOSSIER 18   Pourquoi est-ce que vous aimez ça?

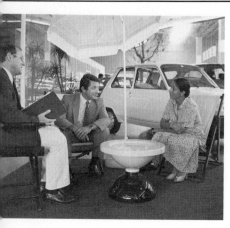

1.1   Dialogue 🎧

Michel Sautour fait une enquête pour sa compagnie près de clients qui ont acheté des voitures BKX.

MICHEL	M. Leblanc, vous avez une BKX depuis un an. Vous en êtes satisfait?
M. LEBLANC	Oui, très satisfait. Elle est très bien.
MICHEL	Pourquoi?
M. LEBLANC	Parce que j'avais envie d'une petite voiture économique et confortable.
MICHEL	Vous avez aussi une BKX depuis six mois. Qu'est-ce que vous en pensez, Mme Martin?
MME MARTIN	Moi, je pense qu'elle fait un peu trop de bruit. Je préfère la DKZ. Elle est plus silencieuse et plus rapide!
M. LEBLANC	Oui, moi aussi. Mais elle est chère. Et elle consomme beaucoup d'essence.

1.2   Exercez-vous

Insérez les mots proposés dans les échanges ci-dessous.

1. E1   Vous aimez *[les chiens]*?
   E2   Oui, *[ils]* sont *[gentils]*.
   OU   Non, *[ils]* ne sont pas *[gentils]*.
2. E1   Qu'est-ce que vous préférez, *[les chats]* ou *[les chiens]*?
   E2   Je préfère *[les chiens]* parce qu'*[ils]* sont *[gentils]*.
3. E1   J'aime/je préfère *[les chiens]* parce qu'*[ils]* sont *[gentils]*.
   E2   Moi, j'aime/je préfère *[les chats]* parce qu'*[ils]* sont *[sympathiques]*.

chiens — gentils; chats — sympathiques
ces petites voitures — économiques; ces grosses voitures — plus rapides

ces maisons — vieilles; ces maisons — neuves
ces chaussures — belles; ces chaussures — pas chères

1.3   Exercez-vous en situation

Deux amis, E1 et E2, discutent de ce qu'ils aiment et n'aiment pas dans leur ville. Reprenez le dialogue en utilisant les mots proposés et posez-vous des questions sur ce que vous aimez ou n'aimez pas.

E1   Qu'est-ce que tu penses *[du nouvel hôtel]*?

E2   Je ne *[l']* aime pas beaucoup.
E1   Ah, pourquoi?
E2   Parce qu'*[il est trop grand et trop cher]*.

OU   E2   Je pense qu'*[il est]* très bien.
      E1   Vraiment? Pourquoi?
      E2   Parce qu'*[il est petit et bon marché]*.

1. LES TRAINS lents et ils font du bruit   OU   rapides et silencieux.
2. *[JEANNE]* pas très gentille   OU   très gentille.
3. LES RESTAURANTS *[ITALIENS]*
   je n'aime pas la cuisine *[italienne]*   OU   j'aime bien la cuisine *[italienne]*.

2.1 Dialogue 🎧

Bernard veut acheter un poste de télévision. Il en a vu un dans la vitrine d'un magasin. Il entre.

BERNARD   Bonjour, Monsieur. Je voudrais voir le poste qui est dans la vitrine.

LE VENDEUR   Mais oui, Monsieur. Regardez, c'est celui qui a un petit écran. C'est un bon poste qui donne une belle image.

BERNARD   Et qui n'est pas trop gros… Il coûte combien?

LE VENDEUR   Six mille francs, Monsieur.

BERNARD   Je regrette. C'est trop cher pour moi.

2.2 Exercez-vous

Précisez l'objet que vous désignez ou que vous voulez.

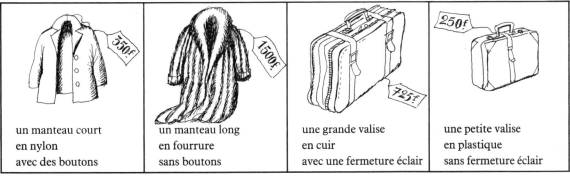

un manteau court	un manteau long	une grande valise	une petite valise
en nylon	en fourrure	en cuir	en plastique
avec des boutons	sans boutons	avec une fermeture éclair	sans fermeture éclair

E   Je voudrais [le manteau court] qui [a des boutons].

       OU [celui] qui [est en nylon].

       OU [celui] qui [n'est pas trop cher].

       OU [celui] qui [coûte 350 F].

OU [une grande valise] qui [a une fermeture éclair].

OU [celle] qui [est en cuir].

Utilisez aussi: les chaussures noires   — avec des talons hauts   — en cuir

               le costume bleu   — avec une ceinture   — en soie

               la robe marron   — sans ceinture   — en laine

2.3 Ecoutez et prenez des notes 🎧

Vous allez passer quelques jours chez des amis français. Votre amie vous téléphone pour vous demander si vous pouvez lui apporter quelque chose. Ecoutez soigneusement et prenez des notes pour savoir ce qu'elle veut. Puis décrivez la chose à un autre étudiant.

3.1 Lisez et parlez

Lisez ces deux cartes postales que Pierre et Sylvie ont écrit à leurs amis.

Chère Anne,
Nous sommes à Cannes. C'est vraiment très bien ici. J'aime beaucoup notre hôtel qui est près de la plage. Nous avons une chambre qui donne sur la mer et qui est très tranquille. A bientôt.
Amitiés,
Sylvie

Mme A. Denoël
22, rue de Grenell
75007 Paris

Cher Daniel,
J'aime les vacances au bord de la mer, mais ici il y a trop de monde. Je n'aime pas notre hôtel qui est bruyant. Nous avons une chambre qui est trop petite et trop chaude.
Ne viens pas à Cannes au mois d'août !
Amitiés,
Pierre

Monsieur D. Lalanne
Lotissement de la Ténarèze
La Côte
Lavardac
47230 Lot-et-Garonne

Demandez-vous maintenant ce que Sylvie et Pierre pensent de l'hôtel.

E1 Est-ce que [Sylvie] aime l'hôtel?

E2 [Oui]. [Elle l'aime beaucoup].

E1 Pourquoi?

E2 Parce qu'[il est près de la mer, et qu'elle aime les hôtels près de la mer].

3.2 Exercez-vous

Vous dites à un(e) ami(e) ce que vous aimez en matière d'hôtels, de chambres, d'aéroports, de maisons, de villes.

E J'aime/Je préfère [les hôtels]... OU Je n'aime pas [les hôtels]...

TAILLE	qui sont petits/grands.	qui sont trop petits/trop grands.
PRIX	qui sont bon marché/ chers.	qui sont trop bon marché/ trop chers.
CARACTERE	qui sont modernes.	qui sont trop neufs/ trop vieux.
	qui ont des chambres avec douche.	qui ont des chambres sans douche.
SITUATION	qui sont près de la mer.	qui sont dans une ville.

3.3 Improvisez

Par groupes de deux ou trois, engagez une discussion sur les hôtels. Commencez ainsi que suit:

E1 J'aime les [grands] hôtels.

E2 Vraiment? Moi, je n'aime pas les hôtels qui sont trop [grands].

E3 Et moi, je n'aime pas les [grands] hôtels parce qu'[il y a trop de bruit].

Continuez en donnant votre opinion sur les hôtels qui sont chers, qui sont neufs, qui sont en ville. Dites ce que vous aimez, ce que vous n'aimez pas et indiquez vos préférences.

3.4 Essayez de comprendre ∩

Ecoutez la conversation enregistrée entre un hôtelier et un client.
Dites ce que le client veut et ce que l'hôtelier lui propose.

Ecoutez la conversation de nouveau et jouez la scène.

4 Résumé

4.1 Dans ce dossier vous avez réutilisé en grande partie ce que vous avez étudié au Dossier 8 et vous avez aussi appris à

1. demander et donner les raisons de goûts, d'aversions et de préférences:

    Pourquoi est-ce que vous préférez [les chiens]?
    J'aime/Je préfère [les chiens] parce qu'[ils sont gentils].

2. donner des précisions sur la forme, la matière, le prix de ce que vous voulez (en utilisant le relatif 'qui'):

    Je voudrais la grande valise qui a une fermeture éclair, celle qui est en cuir.

3. justifier vos goûts et préférences pour des lieux ou des objets en ce qui concerne la taille, le prix, le caractère, la situation:

    Je préfère [les hôtels] qui [ne sont pas trop grands].
    Je n'aime pas [les chambres] qui [n'ont pas de douche].

4.2 Et vous avez utilisé

1. les prépositions 'avec' (+ article) et 'sans' (sans article):

    un manteau avec des boutons/ sans boutons.

2. le pronom relatif 'qui', sujet, mis pour des noms de choses ou de lieux, au singulier et au pluriel:

    Je veux le manteau qui est dans la vitrine.
    (= Je veux le manteau + ce manteau est dans la vitrine.)

3. Le pronom 'celui' + qui:

    C'est celui qui a un petit écran.

4. L'adverbe interrogatif 'pourquoi':
    et la conjonction 'parce que':

    Pourquoi est-ce que [vous aimez les chiens]?
    Parce qu' [ils sont gentils].

DOSSIER 19 Qu'est-ce qu'il vous faut?

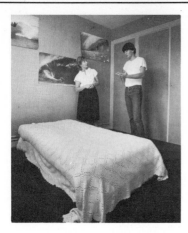

1.1 Dialogue ♫

Jacques Delteil est étudiant. Il cherche une chambre meublée à louer. Mme Dumont, propriétaire d'un appartement, lui en fait visiter une.

MME DUMONT Voilà la chambre qui est à louer.

JACQUES Mais elle est vide. Il n'y a pas de meubles!

MME DUMONT Si, elle a un lit. Qu'est-ce qu'il vous faut?

JACQUES Il me faut un bureau pour écrire, trois chaises, une corbeille à papier…

MME DUMONT Et vous avez besoin d'une armoire et d'un tapis. Vous aurez tout ça.

JACQUES Alors, mettez tous ces meubles dans la chambre et je reviendrai.

1.2 Exercez-vous

Etudiez le tableau ci-dessous et exercez-vous à quelques échanges en introduisant les variations proposées.

Qu'est-ce qu'il	me te lui nous vous leur	faut?	Il	me te lui	faut		un bureau. une chaise.
			J'ai Tu as … Vous avez		besoin	d'	autres chaises.
						de	chaussures neuves. argent. sommeil. repos.
			Il ne me faut pas Je n'ai pas besoin				bureau/chaises/repos.

1.3 Exercez-vous en situation

E1 s'adresse à un(e) de ses amis E2 et lui dit qu'il/elle a l'air fatigué OU ennuyé OU malade OU qu'il/elle a l'air d'avoir faim OU soif OU froid.

E1 Tu as l'air [fatigué].
E2 Vraiment?
E1 Oui. Tu as peut-être besoin de [repos].
E2 Tu as raison. Il me faut [des vacances].

E1 Tu as l'air [ennuyé].
E2 Vraiment?
E1 Oui. Qu'est-ce qu'il y a?
E2 J'ai besoin d'[argent]. Il me faut [aller à la banque].

Utilisez:

(l'air) malade: repos — voir un docteur

(l'air) d'avoir faim: manger — un bifteck

(l'air) d'avoir soif: boire — de la bière

(l'air) d'avoir froid: un repas chaud — un thé chaud.

2.1 Dialogue 🎧

Deux voisines sont au marché. Elles discutent de ce qu'elles aimeraient trouver.

MME LEGRAND   Qu'est-ce qu'il vous faut aujourd'hui?

MME DUTOUR   Il me faut des fraises, s'il y en a encore.

MME LEGRAND   Il y en avait samedi dernier.
Moi je veux du poisson, du fromage et des fruits.

MME DUTOUR   S'il y a du beau poisson, j'en prendrai aussi.

MME LEGRAND   Alors, allons acheter le poisson d'abord.

2.2 Exercez-vous

1. E   S'il y a *[du poisson]*, j'en achèterai.
2. E1   Je veux *[du poisson]*, et vous?
   E2   Moi, je préfère *[de la viande]*.
3. E1   Qu'est-ce que vous voulez?
   E2   Moi, je voudrais *[du poulet]*.

une salade	des fruits	du poisson
une banane	des fraises	du fromage
un verre de bière	des légumes	du poulet
une tasse de thé	des œufs	du lait
une bouteille de vin	des fleurs	de la viande

2.3 Exercez-vous en situation

Vous venez de commander *[un steak]* dans un restaurant, et le garçon, E2, veut savoir comment vous l'aimez.

E2   Comment est-ce que vous aimez votre *[steak]*, Monsieur/Madame/Mademoiselle? *[Saignant, à point, ou bien cuit]*?

E1   (Je le voudrais) *[saignant]*, s'il vous plaît.

E2   Très bien, et qu'est-ce que vous prendrez avec ça, *[des pommes vapeur ou des frites]*?

E1   *[Des frites]*, s'il vous plaît.

LE STEAK saignant, à point, bien cuit
LE POISSON frit, grillé, bouilli
LE POULET rôti, en sauce
LES POMMES DE TERRE des frites, des pommes vapeur

2.4 Ecoutez et parlez 🎧

Un jour, en fin d'après-midi, par temps froid, vous rendez visite à des amis français, que vous connaissez bien. Ils vous font entrer. Ecoutez attentivement et répondez aux questions qu'ils vous posent.

3.1 Regardez et parlez

Regardez ce que contiennent les étagères de cette épicerie, et reprenez le dialogue en introduisant les changements nécessaires pour demander divers produits.

E1 Vous désirez, [Madame]?

E2 Je voudrais [une bouteille de vin].

E1 [Du rouge, du blanc ou du rosé]?

E2 [Du rouge], s'il vous plaît.

E1 C'est [du Bordeaux]. C'est [un très bon vin].

E2 J'en voudrais [encore une].

E1 Voilà. Vous voulez un sac pour mettre [ces deux bouteilles]?

E2 Oui, merci. Je n'en ai pas.
     ou Non, merci. J'en ai un.

3.2 Exercez-vous

1. E Je voudrais [de la bière].
2. E Je ne veux pas de [bière].
3. E1 Vous voulez [de la bière]?
   E2 Oui, j'en veux/ Non, je n'en veux pas.

1. E Je voudrais [des oranges].
2. E Je ne veux pas d'[oranges].
3. E1 Vous voulez [des oranges]?
   E2 Oui, j'en veux [une]/Non, je n'en veux pas.

Faites varier les personnes et utilisez:
un autre chapeau; d'autres chaussures; des fleurs; des journaux (un journal); de la salade; des fruits; des médicaments.

3.3 Exercez-vous en situation/Improvisez

E1, un français qui visite la ville, vous arrête dans la rue.

E1 Excusez-moi.

E2 Oui.

E1 Je voudrais acheter [des fleurs].
     Vous connaissez une boutique qui vend [des fleurs] près d'ici?

E2 Non. Désolé. Il n'y en a pas.
     ou Oui. Il y en a une [près de la poste dans la rue du Marché].

E1 Merci beaucoup.

Reprenez le dialogue en utilisant: viande, fruits, chaussures, journaux, vin.
Donnez les indications qui permettront de trouver la boutique en question.

3.4 Retenez l'essentiel Ω
Vous allez entendre trois brèves conversations. Ecoutez bien et répondez aux questions.

Dans chacune des conversations:
a. Est-ce que les gens qui parlent sont des amis ou des étrangers?
b. Qu'est-ce qu'ils voudraient faire?
c. Où est-ce que la conversation a lieu?

4 Résumé
4.1 Dans ce dossier vous avez réutilisé une grande partie de ce que vous avez étudié dans le Dossier 9 et vous avez aussi appris à

1. vous enquérir de besoins et à en exprimer:

Est-ce qu'il vous faut [de l'argent]?
Vous avez besoin de vacances/de repos.

2. faire des suggestions à propos de besoins:

Il vous faut peut-être [des vacances].
Vous avez peut-être besoin [de repos].

3. demander à quelqu'un quels sont ses désirs et ses besoins et à exprimer les vôtres:

Qu'est-ce que vous voulez/aimez?
Je voudrais [un peu de poisson].

4. demander et exprimer des préférences sur la façon de préparer les aliments:

Comment est-ce que vous aimez [votre steak]?
(Je le veux) [saignant], s'il vous plaît.

5. exprimer une hypothèse:

S'il y a [du beau poisson], j'en prendrai aussi.

4.2 Et vous avez utilisé

1. l'expression impersonnelle 'il faut' avec pronom indiquant la personne:

Il [leur] faut [du repos].

2. la préposition 'pour' suivie de l'infinitif indiquant le but:

un sac pour [mettre ces deux bouteilles].

3. l'expression 'avoir l'air' + adjectif:

Il a l'air [fatigué].

+ de + infinitif:

Il a l'air d'[avoir faim].

4. les déterminants 'quelques' + nom pluriel:

Je voudrais quelques [fraises].

et 'un peu de' + nom singulier:

Je voudrais un peu de [poisson].

DOSSIER 20 — Je travaille souvent le soir

1.1 Dialogue ♎
Jean explique à un ami étranger, Marc, la façon dont il vit.

JEAN Je vais au bureau tous les jours de huit heures à six heures et je travaille souvent le soir chez moi.
MARC Quand est-ce que tu sors?
JEAN Je ne sors pas souvent pendant la semaine.
Et jamais le mercredi soir parce que mes parents viennent me voir. Nous passons toujours la soirée ensemble.
MARC Et le dimanche?
JEAN Le dimanche, c'est différent!
MARC Tu sais, moi aussi je vis comme toi.
C'est toujours la même chose!

1.2 Exercez-vous
Etudiez les tableaux, puis faites les exercices qui suivent en pensant à vos propres activités.

Je reste	toujours	à la maison	le	dimanche.
Tu me téléphones	souvent généralement			dimanche matin.
Il/Elle se promène	quelquefois			dimanche après-midi.
Nous regardons		la télévision		dimanche soir.
Vous sortez				
Ils/Elles viennent		me voir		

Je	ne	sors	jamais		le	samedi soir.
Ils/Elles		vont		au théâtre		

1. E *[Je reste toujours à la maison]* le *[dimanche soir]*.
2. E *[Je ne reste pas toujours/souvent/généralement chez moi]* le *[dimanche]*.
   (*Avec la négation* ne... pas, *on ne peut utiliser ni* quelquefois, *ni* jamais.)
3. E1 Qu'est-ce que *[tu fais]* le *[dimanche]*?
   E2 *[Je reste toujours à la maison]*.

1.3 Exercez-vous/ Parlez de vous
Dites ce que font vos amis ou les membres de votre famille en utilisant les phrases étudiées plus haut. Par exemple:

1. E *[Mon ami Charles sort souvent le samedi soir.]*
2. E *[Mon frère ne regarde jamais la télévision le dimanche.]*
3. E1 *[Vos parents viennent quelquefois vous voir le samedi?]*
   E2 Oui/Non, mais *[ils viennent le dimanche]*.

2.1 Dialogue 🎧

M. Penot vient d'être cambriolé. Il est rentré chez lui alors que le voleur était là. Il raconte à un voisin ce qui s'est passé.

M. PENOT   Je suis rentré dans l'appartement et j'ai fait du bruit.

LE VOISIN   Qu'est-ce qu'il a fait?

M. PENOT   Le voleur s'est retourné. Il était armé.

LE VOISIN   Il vous a vu?

M. PENOT   Non, je ne me suis pas montré. Il a attendu un instant.

LE VOISIN   Et puis?

M. PENOT   Il a pris l'argent qui était sur la table et il est parti. Alors, j'ai appelé la police.

2.2 Exercez-vous

a. Revoyez les adverbes de temps renvoyant au passé (hier, etc. 16/3.1, page 68).
b. Etudiez les tableaux ci-dessous.
c. Utilisez ces formes pour exprimer des choses que vous avez faites ou que vos amis ont fait.

en [1980]	le mois dernier	cette année	**aujourd'hui**
l'année dernière	la semaine dernière	ce mois-ci	**samedi**
il y a deux/trois ans	le week-end dernier	cette semaine	

| aller/venir — arriver/partir — entrer/sortir
monter/descendre — passer — rester

s'asseoir — se laver — se montrer
se promener — se retourner | aidé   aimé
appelé dîné
donné fermé
mangé montré
parlé prêté | dire: dit
écrire: écrit
mettre: mis
prendre: pris
suivre: suivi | attendre: attendu
boire: bu
connaître: connu
entendre: entendu
lire: lu | pouvoir: pu
répondre: répondu
vendre: vendu
voir: vu |

être + participe passé (accord)

1. E [Il est allé] [à Paris] [le mois dernier].
2. E [Je suis parti] [hier] [de Lyon].
3. E1 [Vous êtes sortis] [cette semaine]?
   E2 Non, [nous sommes restés] [chez nous].
   Oui, [nous sommes allés] [au cinéma].
4. E1 [Vous vous êtes promenés] [hier]?
   E2 Oui, [nous nous sommes levés] [à 6 heures] et [nous sommes allés nous promener].

5. E1 [Tu as vu] [Louise] [hier soir]?   E2 Non, [je l'ai attendue] [pendant une heure], mais [elle n'est pas venue]. ⚠

avoir + participe passé

1. E [J'ai écrit] [à mes parents] [hier soir].
2. E [La semaine dernière], [j'ai lu] [trois livres].
3. E1 [Tu as bien dîné] [hier soir]?
   E2 Oui. [J'ai pris] [du poisson et des fraises], et [j'ai bu] [du bon vin].
   OU Non, [je n'ai pas aimé] [le restaurant].
4. E1 [Tu as vu] [Louise] [hier soir]?
   E2 Oui. [Nous avons parlé] [toute la soirée].

2.3 Ecoutez et parlez 🎧

Vous rendez visite à des amis français. Ils savent que vous êtes allé(e) en vacances en Italie et ils vous posent des questions.

3.1 Lisez et parlez

Voici un extrait d'une lettre que Lucie, une amie française, vous a envoyée.
Lisez-la et étudiez les formes du passé composé et de l'imparfait
des verbes présentés à droite. Ensuite faites les exercices qui suivent.

2

Bernard et moi nous étions fatigués et nous avions besoin de repos. Nous avons pris quelques jours de vacances et nous sommes allés chez des amis qui habitent Paris. Nous sommes arrivés chez eux mercredi soir tard. Le jeudi matin, Jeanne, mon amie, et moi, nous sommes allées faire des courses. Je n'ai rien acheté, mais Jeanne a trouvé un beau manteau. Nous avons marché toute la journée. Les boutiques ferment à sept heures! Nous sommes rentrées bien fatiguées. Marc et Bernard regardaient la télévision. Nous avons dîné, nous avons bu un peu trop, nous avons beaucoup parlé et nous nous sommes bien amusés.

Le vendredi matin Bernard a réparé la voiture de Marc. Ça lui a pris toute la matinée. Nous avons déjeuné avec Jeanne parce que Marc ne rentre jamais à la maison à midi, et nous sommes partis en ville à deux heures. Nous nous sommes promenés. Il faisait beau et il y avait beaucoup de monde dans les rues.

Le passé composé

Avec 'être'
Nous sommes allées [faire des courses].
Elles sont rentrées [tard].

Avec 'avoir'
Nous avons pris [des vacances].
Je n'ai rien acheté.
Nous avons marché [toute la journée].

L'imparfait

J'étais Tu étais Il/Elle était	[fatigué(e)].
Nous étions Vous étiez Ils/Elles étaient	[fatigué(e)s].
J'avais Tu avais Il/Elle avait	[faim/soif].
Nous avions Vous aviez Ils/Elles avaient	[besoin de repos]. [des amis à Paris].

Bernard et Marc regardaient la télévision.
Il faisait beau.
Il y avait beaucoup de monde.

Dites ce que Bernard et Lucie ont fait à Paris, et posez-vous des questions.

1. E   Ils [sont allés chez des amis].
2. E   Lucie [est allée faire des courses avec Jeanne].
3. E1 Qu'est-ce que Jeanne [a trouvé]?
   E2 [(Elle a trouvé)] [un beau manteau].
4. E1 Qu'est-ce qu'ils ont fait [le jeudi soir]?
   E2 [Ils ont dîné, ils ont bu et ils ont écouté de la musique].

3.2 Parlez de vous

a. **Ecrivez en français ce que vous, ou des gens que vous connaissez
   bien, avez fait** hier, le week-end dernier, le mois dernier, **etc.**
   Par exemple: Ma femme/Mon mari/Mon frère et moi, nous sommes allés au cinéma hier soir.
b. **Par groupes de deux, trois, ou quatre, demandez-vous ce que vous avez fait.**
   Par exemple: E1 Qu'est-ce que vous avez fait samedi dernier?
                     E2 J'ai regardé un match de football à la télévision.

3.3   Essayez de comprendre   Ω

Ces images ne sont pas dans le bon ordre. Ecoutez l'histoire
enregistrée. Tout en écoutant, indiquez l'ordre des images
correspondant au déroulement de l'histoire. La première image est
notée sur la grille.

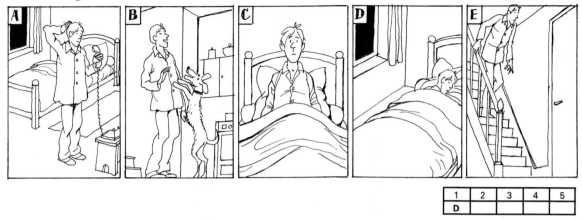

	1	2	3	4	5
	D				

4   Résumé

4.1   Dans ce dossier vous avez réutilisé une partie de ce que vous avez appris dans les dossiers
précédents, et en particulier dans le Dossier 10 et vous avez appris également à

1. poser des questions sur des activités habituelles et à
les décrire:

Est-ce que vous *[restez toujours chez vous]* le *[samedi]*?
Je *[sors]* souvent/quelquefois/généralement le
[dimanche].
Je ne *[vais]* jamais *[au cinéma]*.

2. poser des questions sur des événements passés et à les
raconter (au passé composé):

Qu'est-ce qu'ils ont fait le *[jeudi soir]*?
Ils ont dîné, ils ont bu, et ils ont écouté de la musique.

3. présenter des événements passés
    a. en train de se faire:
    b. comme des circonstances:
    c. comme des états:
       (à l'imparfait)

a. Ils regardaient la télévision.
b. Il faisait beau.
c. Ils étaient fatigués.

4.2   Et vous avez utilisé

1. le présent de l'indicatif avec les adverbes de fréquence
— toujours, généralement, quelquefois, ne … jamais:

Ils sortent toujours le dimanche.
Nous ne regardons jamais la télévision.

2. le passé composé
    a. avec l'auxiliaire 'être' — aller/venir, etc. et les
    verbes pronominaux (se lever…) (accord du
    participe avec le sujet):

Ils sont sortis hier soir.
Nous nous sommes promenés hier.

    b. avec l'auxiliaire 'avoir' — autres verbes (pas
    d'accord), et des participes passés en 'é' (les plus
    fréquents), 'i', 'is', 'it', 'et' 'u':

Nous avons attendu deux heures.

3. l'imparfait de 'être' et de 'avoir', et de quelques autres
verbes:
    (Remarquez la régularité des terminaisons: -ais, -ais,
    -ait, -ions, -iez, -aient).

Nous étions fatigués.
Il y avait du monde.
Ils regardaient la télévision.

DOSSIER 21 Soyez les bienvenus

1.1 Dialogue 🎧

Un Américain a répondu à une petite annonce offrant un travail
temporaire de réceptionniste dans un hôtel. Il a une entrevue avec le
directeur.

LE DIRECTEUR	Bonjour, Monsieur. Quel est votre nom?
JAMES SMITH	Je m'appelle James Smith.
LE DIRECTEUR	Et quelle est votre nationalité?
JAMES SMITH	Je viens des Etats-Unis.
LE DIRECTEUR	Ah, vous êtes américain!
	Vous parlez très bien le français.
JAMES SMITH	Ma mère était française.
LE DIRECTEUR	Vous êtes marié?
JAMES SMITH	Oui. Ma femme est en France avec moi.
	(quelqu'un vient chercher le directeur)
LE DIRECTEUR	Excusez-moi. Je reviens dans quelques minutes.
	Voulez-vous attendre un instant?

Nom	Smith
Prénom	James
Marié	Oui
Nationalité	Américaine
Profession	Interprète

1.2 Exercez-vous

Etudiez le tableau et faites les exercices qui suivent.

Pays	Nationalité	Pays	Nationalité
L'Allemagne	allemand(e)	Les Etats-Unis	américain(e)
L'Angleterre	anglais(e)	La France	français(e)
La Belgique	belge	L'Italie	italien(ne)
Le Canada	canadien(ne)	Le Portugal	portugais(e)
L'Espagne	espagnol(e)	La Suède	suédois(e)

1. E Je ne suis pas *[*espagnol*]*.
    Je suis *[*français*]*.
2. E1 Quelle est votre
    nationalité?
  E2 Je suis *[*canadien*]*.

1. E Je ne viens pas d'*[*Espagne*]*.
    Je viens de *[*France*]*.
2. E1 D'où est-ce que vous venez?
  E2 (Je viens) *[*du Canada*]*.

1.3 Improvisez

Imaginez que vous assistez à une réunion amicale dans un pays
francophone. Par groupes de deux ou de trois, vous vous présentez
les uns aux autres. Puis, vous vous demandez mutuellement:

1. si vous êtes marié(e) ou non;
2. votre nationalité, votre pays et de quelle ville vous venez;
3. votre adresse (que vous ferez épeler) et votre numéro de
téléphone.

2.1 Dialogue 🎧
Le directeur de l'hôtel reprend ses questions à James Smith.

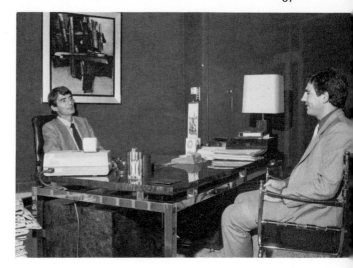

LE DIRECTEUR   Vous avez déjà été réceptionniste?

JAMES SMITH   Non, je n'ai jamais travaillé dans un hôtel.

LE DIRECTEUR   Quels métiers avez-vous fait?

JAMES SMITH   J'ai été employé dans une agence de voyages, et j'ai travaillé comme interprète.

LE DIRECTEUR   Vous connaissez d'autres langues que l'anglais et le français?

JAMES SMITH   Oui, je parle espagnol et je connais un peu d'allemand.

LE DIRECTEUR   Très bien, M. Smith. Je vous écrirai dans deux ou trois jours.

2.2 Exercez-vous
Etudiez le tableau et faites l'exercice qui suit.

Je suis		Je travaille	dans	
	vendeur(euse)/infirmier(-ière).			un magasin/un hôpital.
	homme/femme d'affaires.			un bureau/une usine.
	mécanicien/employé de banque.			un garage/une banque.
	ingénieur/secrétaire.			une usine/un bureau.
	serveur(euse)/réceptionniste.			un restaurant/un hôtel.
	mère de famille.		à la maison.	

1. E   Je suis [vendeuse].

2. E   Je ne suis pas [serveuse].
      Je suis [vendeuse].

3. E1   Quel est ton métier?
      Qu'est-ce que tu fais?
   E2   Je suis [vendeuse].

1. E   Je travaille [dans un magasin].

2. E   Je ne travaille pas [dans un restaurant].
      Je travaille [dans un magasin].

3. E1   Où est-ce que tu travailles?

   E2   Je travaille [dans un magasin].

2.3 Improvisez
Reprenez 1.3 (page 86), en ajoutant cette fois des renseignements concernant votre métier et/ou l'endroit où vous travaillez. Dites également si vous aimez le métier et donnez les raisons.

2.4 Ecoutez et écrivez 🎧
Ecoutez un fonctionnaire poser des questions à une dame. Au fur et à mesure qu'elle répond, écrivez les renseignements qu'elle donne sur elle sous les rubriques suivantes:

Nom de famille   Prénom(s)   Mariée — Oui/Non   Nationalité   Profession

3.1 Dialogue 🎧

Deux jeunes gens font connaissance en faisant la queue au restaurant universitaire.

GUY   Tu n'es pas française.
          D'où viens-tu?
ODILE   Je suis belge. J'habite Bruxelles.
GUY   Et tu vis à Paris maintenant?
ODILE   Oui, je fais des études à la Sorbonne.

3.2 Exercez-vous/Parlez de vous

E1 D'où est-ce que vous venez?
E2 (Je viens) de [Suisse].
E1 Mais où est-ce que vous habitez en [Suisse]?
    Dans quelle ville est-ce que vous vivez?
E2 Je vis à [Lausanne].

3.3 Dialogue 🎧

Un professeur accueille un étudiant suisse et remplit une fiche sur lui.

LE PROFESSEUR   Comment vous appelez-vous? D'où venez-vous?
L'ETUDIANT   Je m'appelle René Jeanson. J'ai 22 ans.
                     Je suis suisse et j'habite Genève.
LE PROFESSEUR   Quelles langues est-ce que vous parlez?
L'ETUDIANT   Je parle français, allemand, un peu d'italien et de
                     romanche, les quatre langues de la Suisse.
LE PROFESSEUR   Un instant, s'il vous plaît. Voulez-vous répéter?
                     Je n'ai pas bien compris.

3.4 Exercez-vous/Parlez de vous

1. E   Je parle français/allemand/anglais/espagnol/italien/suédois.
2. E   Je ne sais pas parler [français].
3. E1 Est-ce que vous parlez [français]?
    E2 Oui/Non, (je ne sais pas parler [français]).
4. E1 Quelles langues est-ce que vous parlez?
    E2 (Je parle) [(le) français et (l')anglais].

3.5 Exercez-vous/Improvisez/Parlez de vous

Vous êtes en France en vacances et quelqu'un que vous ne connaissez pas, E2, vous arrête dans la rue pour vous poser des questions pour une enquête. Commencez ainsi que suit:

E1 Je m'appelle [Gérard Pierreuse]. Ça s'écrit [P...I...E...2R...E...U...S...E].
E2 D'où êtes-vous [M. Pierreuse]?

Ensuite demandez/donnez votre nationalité, le nom de la ville où vous vivez, votre profession, les langues que vous parlez et la date de votre arrivée en France.

3.6 Essayez de comprendre 🎧

Etudiez cette fiche qu'on remplit pour les malades qui viennent consulter à l'hôpital. Puis écoutez la conversation enregistrée entre l'hôtesse d'accueil et un malade. Tout en écoutant, remplissez la fiche comme si vous étiez l'hôtesse.

HÔPITAL DE LA PITIÉ-SALPÊTRIÈRE
SERVICE DES URGENCES

Docteur: ....

Patient: M./Mme/Mlle .... (nom)

.... (prénom)

Adresse: ....

N° de téléphone: .... Age: ....

Profession: ....

Ecoutez de nouveau et rejouez la scène par groupes de deux.

4 Résumé

4.1 Dans ce dossier vous avez réutilisé une partie de ce que vous avez étudié dans les Dossiers 1 et 11 et vous avez aussi appris à

1. demander et fournir des renseignements personnels concernant
   — l'état civil: Vous êtes marié(e)? Oui, je suis marié(e)/Non, je ne suis pas marié(e).
   — l'origine et la nationalité: D'où est-ce que vous êtes? D'où est-ce que vous venez? — Je suis [canadien]. Je viens [du Canada].
   — le domicile: Où est-ce que vous habitez? Dans quelle ville est-ce que vous habitez? J'habite (à) [Lausanne].
   — la profession: Quel est votre métier? Qu'est-ce que vous faites? Où est-ce que vous travaillez? Je suis [infirmière]. Je travaille [dans un hôpital].
   — les langues (que parle la personne): Quelles langues est-ce que vous parlez? Je parle [(le)] français et (l')anglais].
2. demander à quelqu'un de répéter quelque chose ou de parler lentement: Voudriez-vous répéter ça, s'il vous plaît? Est-ce que vous pouvez parler plus lentement, s'il vous plaît?
3. faire des compliments à quelqu'un sur la façon dont il parle une langue: Vous parlez très bien [français].

4.2 Et vous avez utilisé

1. des adjectifs de nationalité: français/canadien/belge/suisse.
   et des noms de nationalité: un Américain.
2. le verbe 'être' + nom de nationalité ou de profession sans article: Je suis [français]. Il est [employé].
3. l'expression interrogative 'd'où' (provenance): D'où est-ce que vous venez?
4. l'expression interrogative 'dans quelle ville': Dans quelle ville est-ce que vous vivez?
5. les deux constructions avec 'habiter': J'habite à [Genève]. J'habite [Genève].

DOSSIER 22 — Qui sont ces gens?

1.1 Dialogue 🎧

Quelques amis jouent à un petit jeu de société qui consiste à deviner la profession d'une personne en lui posant des questions. Celui qui est questionné par les autres a le droit d'imaginer la profession qu'il veut.

BERNARD   Marie-Claude, tu as pensé à un métier?

MARIE-CLAUDE   Oui, vous pouvez commencer.

BERNARD   Quel âge as-tu?... Si on peut te poser la question.

MARIE-CLAUDE   Mais oui. Dans mon métier, j'ai 32 ans.

SYLVIE   Où est-ce que tu travailles?

MARIE-CLAUDE   Dans un hôpital.

BERNARD   Tu es infirmière?

MARIE-CLAUDE   Non. Mais je soigne des malades.

SYLVIE   Alors, tu es docteur.

MARIE-CLAUDE   C'est ça. Tu as trouvé.

1.2 Exercez-vous

Deux amis, E1 et E2, parlent des autres invités d'une soirée.

M. GEFFROY
journaliste
un journal
belge/la Belgique
Bruxelles

Mme GEFFROY
coiffeuse
un salon de coiffure
belge/la Belgique
Bruxelles

M. DAVOST
ingénieur
une usine
français/la France
Lyon

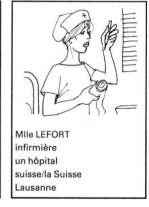

Mlle LEFORT
infirmière
un hôpital
suisse/la Suisse
Lausanne

1. E1 Qui est [cette dame]?
   E2 C'est [Mme Geffroy].
   E1 Qu'est-ce qu'[elle] fait?
   E2 [Elle] est [coiffeuse].
   [Elle] travaille [dans un salon de coiffure].
   E1 Est-ce qu'[elle] est [belge]?
   E2 Oui, [elle] vient de [Belgique].
   E1 Où est-ce qu'[elle] habite?
   E2 [Elle] habite à [Bruxelles].

2. E1 Qui sont ces gens?
   E2 C'est [M. et Mme Geffroy].
   E1 Qu'est-ce qu'ils font?
   E2 Lui, il est [journaliste], et elle, elle est [coiffeuse].
   E1 Est-ce qu'ils sont [belges]?
   E2 Oui, ils viennent de [Belgique].
   E1 Et où est-ce qu'ils habitent?
   E2 Ils habitent à [Bruxelles].

1.3 Parlez de vous

Vous avez invité quelques amis venus d'autres régions du pays ou de l'étranger. Vous dites à un(e) de vos amis français qui sont les autres invités, d'où ils viennent et ce qu'ils font.

2.1 Dialogue

Laurence demande à Danièle la raison pour
laquelle Claudine n'est pas venue avec elle.

LAURENCE Claudine n'est pas là?

DANIELE Elle ne se sent pas bien.
Elle est restée au lit.

LAURENCE C'est vrai. Elle avait l'air malade, hier.
Qu'est-ce qu'elle a?

DANIELE Elle a très mal au ventre.

LAURENCE Tu as appelé un docteur?

DANIELE Pas encore. J'espère que ça va aller mieux.

2.2 Exercez-vous

a. Lisez ces phrases et travaillez le dialogue ci-dessous.

Il Elle	a	l'air malade.	Il Elle	a	mal	à la tête. au ventre. aux dents.	Il	lui leur	faut	un docteur. un dentiste. des remèdes.
Ils Elles	ont		Ils Elles	ont	un rhume. de la fièvre.				

E1 Qu'est-ce qu'[il a, Jean]?
E2 [Il n'a pas] l'air très bien.
E1 Oui, [il a] l'air malade.
   Mais qu'est-ce qu'[il a] donc?
E2 [Il a] peut-être [mal à la tête].

b. Travaillez ce dialogue en vous servant du tableau de droite.

E1 Qu'est-ce que tu as?
   Tu n'as pas l'air bien.
E2 Non, je ne me sens pas bien.
   J'ai [froid].
E1 Il te faut [une boisson chaude].

J'ai	faim. soif.	Il me faut	quelque chose à manger. quelque chose à boire.
	froid. chaud.		une boisson chaude. une boisson froide.

2.3 Ecoutez et prenez des notes

Une femme téléphone pour appeler le docteur. Tout en écoutant la
conversation enregistrée, prenez des notes (dites qui est malade,
qu'est-ce qu'a la personne et donnez l'adresse).

3.1 Regardez et parlez

Regardez ces trois personnes et lisez ce qui est dit à leur sujet. Ensuite faites les exercices.

ALAIN DUCROT   CATHERINE PERNET   SYLVIE LESORT

Hier	ne se sentait pas bien	se sentait malade	était très malade
	avait un gros rhume	avait mal aux dents	avait très mal à la tête
Aujourd'hui	se repose	travaille chez elle	reste chez elle
Demain	se sentira mieux	ira bien	se sentira mieux

1. E1 Est-ce qu' [Alain] se sentait bien hier?
   E2 Oui/Non.
2. E1 Que fait [Alain] aujourd'hui?
   E2 [Il][se repose].
   E1 Ah, pourquoi?
   E2 [Il] [ne se sentait pas bien] hier. [Il] avait [un gros rhume].
3. E1 Est-ce qu'[il] ira bien demain?
   E2 Oh, oui. [Il] [se sentira mieux] demain.

3.2 Exercez-vous

1. E Je ne me sentais pas bien
   hier parce que j'avais
   [mal aux dents].

   Utilisez: très mal à la tête
   un gros rhume
   mal à l'estomac
2. E1 Comment est-ce que [tu te sentais/vous vous sentiez] hier?
   E2 Pas très bien.
   E1 Ah, pourquoi?
   E2 Parce que j'avais [mal à la tête].

3.3 Exercez-vous en situation/Improvisez/Parlez de vous

E1, un(e) ami(e) français(e) qui habite votre pays, vous salue dans la rue. Il/elle sait que vous étiez malade la semaine dernière.

E1 Bonjour [Jean]. Comment ça va?
E2 Très bien, merci. Et toi?
E1 Ça va. Mais toi, tu étais malade la semaine dernière?
   Tu n'étais pas au bureau.
E2 Non, je n'étais pas bien du tout.
E1 Qu'est-ce que tu avais?
E2 J'avais [un très gros rhume].
E1 Désolé. Et comment va [ta femme]?

Continuez en parlant de la santé de parents et d'amis.

3.4   Retenez l'essentiel   ⋒

**Vous allez entendre trois brèves conversations. Lisez les
affirmations ci-dessous, écoutez bien, et marquez d'une croix celles
qui vous semblent vraies, a., b. ou c.**

1. **a.** Jeanne n'est pas venue au rendez-vous parce qu'elle ne se sentait pas
bien. ☐
    b. Elle est restée à la maison avec son mari, qui était malade. ☐
    c. Son mari a pris des médicaments, mais il ne se sent pas mieux. ☐

2. **a.** Paul n'était pas à la réunion parce qu'il était au lit et il avait mal aux
dents. ☐
    b. Il s'est reposé pendant trois jours, mais il a encore mal à la tête. ☐
    c. Il s'est reposé pendant trois jours, et maintenant il se sent mieux. ☐

3. **a.** Danièle n'est pas allée chez les Dumas parce qu'elle avait mal aux
dents. ☐
    b. Elle est allée chez le dentiste, et maintenant ça va mieux. ☐
    c. Elle a pris des médicaments, mais elle a toujours mal. ☐

3.5   Improvisez/Parlez de vous

**Deux amis, E1 et E2, qui assistent à une soirée, parlent des autres
invités. Utilisez des noms de personnes que vous connaissez et
demandez à voix basse à votre partenaire: Qui est cet homme?/cette
femme? Demandez les nom, profession, lieu de travail, statut
familial, provenance ou nationalité, domicile (épeler) et âge, et
fournissez l'information demandée.**

4   Résumé

**4.1   Dans ce dossier, vous avez revu des éléments appris dans les Dossiers 2 et 12, et vous avez
appris à**

1. vous renseigner sur le lieu de travail et la profession
des autres: — Qu'est-ce qu'[il] fait? Quelle est sa profession?
[Il] est [employé de banque].
    et à donner ces renseignements sur — [Il] travaille [dans une banque].
    — la provenance et la nationalité: — D'où [viennent-ils]? [Ils sont] [français].
    — le lieu de résidence: — Où est-ce qu'[ils habitent]? [Ils habitent] (à) [Lyon].
2. vous renseigner sur l'état de santé des autres et à dire
comment on les trouve: — Qu'est-ce qu'[elle] a? [Elle] n'a pas l'air bien.
[Il] a l'air malade.
    et suggérer un moyen de les aider: — Je crois qu'il lui faut [un docteur]/qu'[il] a besoin d'[une
boisson chaude].
3. vous renseigner sur l'état de santé passé et futur des
gens et à donner ces renseignements: — Comment est-ce que vous vous sentiez hier?
Je ne me sentais pas bien.
Elle se sentira/ira mieux demain.

4.2   Et vous avez utilisé

1. la locution verbale 'avoir l'air' et le verbe pronominal
'se sentir' (se comportant comme 'être') + adjectif: — Il a l'air malade. Vous n'avez pas l'air bien.
Je me sens malade.
2. les verbes 'avoir' et 'se sentir' à l'imparfait et au futur: — Il avait un gros rhume.
Elle se sentira mieux demain.
3. quelque chose + à + infinitif: — Quelque chose à manger.

DOSSIER 23 — Qu'est-ce que tu aimerais faire?

1.1 Dialogue 🎧

Deux amis se retrouvent dans le même hôtel à Paris. Ils discutent de ce qu'ils pourraient bien faire.

ALAIN   Tu as envie de rester à l'hôtel ce soir?

BERTRAND   Non, pas vraiment.

ALAIN   Qu'est-ce que tu aimerais faire?

BERTRAND   Je ne sais pas. On pourrait se promener en ville.

ALAIN   Tu ne veux pas aller au théâtre?

BERTRAND   Si, mais qu'est-ce qu'on pourrait voir?

ALAIN   On donne *La Leçon* de Ionesco à la Huchette. Je ne l'ai pas vu, et toi?

BERTRAND   Moi non plus. Eh bien, allons-y, s'il y a encore des places…

1.2 Exercez-vous

Etudiez le tableau et faites les exercices qui suivent.

Expression du désir, de l'intention:		
neutre	Je veux J'ai envie de Nous voulons	sortir. rester à la maison. aller *[au restaurant]*.
polie	J'aimerais Nous voudrions	jouer aux échecs/aux cartes. jouer *[au tennis]*. lire.
suggestion	On pourrait	

1. E1 Tu veux *[jouer aux échecs]*?
   E2 Non. Ça ne me dit rien.

2. E1 Qu'est-ce que tu veux faire?
   E2 (Je veux) *[jouer aux échecs]*.

1. E1 Est-ce que vous voudriez *[jouer aux échecs]*?
   E2 Mais oui, j'aimerais *[jouer aux échecs]*/Non, (pas vraiment).

2. E1 On pourrait *[jouer au tennis]*.
   E2 Si vous voulez/Non, je n'en ai pas envie.

Reprenez en introduisant la 3ème personne: Il/Elle veut…

1.3 Improvisez/Parlez de vous

Par groupes de trois ou de quatre, discutez de ce que vous voulez faire samedi soir. Commencez ainsi que suit, puis chacun dira ce qu'il veut/voudrait faire, où il voudrait aller, et fera des suggestions.

E1 Qu'est-ce qu'on va faire samedi soir? Où est-ce qu'on pourrait aller?

E2 Allons au restaurant.

E3 Oui. J'aimerais bien aller au restaurant.

E4 Désolé. Ça ne me dit rien. Je préférerais aller au cinéma.

2.1 Exercez-vous

Capacité		
savoir faire	E1	Vous savez jouer aux échecs?
possibilité générale	E2	Mais oui, je sais. C'est (très) facile.
		OU Non, je ne sais pas. Je voudrais bien, mais c'est (trop) difficile.
possibilité physique	E1	Tu peux porter ce paquet?
et possibilité momentanée	E2	Mais oui, (je peux). Regarde.
		OU Non, je ne peux pas. Je voudrais bien, mais il est (trop) lourd.

SAVOIR: jouer aux échecs; conduire (une voiture); faire la cuisine; nager; parler français; monter à bicyclette.

POUVOIR: porter un paquet; garer la voiture; téléphoner à nos parents.

2.2 Exercez-vous

E1 Tu sais [jouer au tennis]?
E2 Oui. J'ai appris [l'année dernière].
E1 On pourrait [aller jouer demain].
E2 D'accord. Tu auras le temps?

E1 On va [jouer au tennis]?
E2 Désolé. Je ne peux pas. J'ai [un rhume].
E1 Tu pourras [la semaine prochaine]?
E2 Je ne sais pas. Je pense que j'[irai mieux].

2.3 Improvisez/Parlez de vous

Par groupes de deux, trois ou quatre, parlez de ce que vous savez
faire et que vous pouvez ou ne pouvez pas faire, de ce que vous
trouvez facile ou difficile, de ce que vous aimeriez faire.
Par exemple:

E1 Vous savez [jouer aux échecs]?   E2 Oui, c'est facile, mais je ne peux pas [jouer].
                                                          Je n'ai jamais le temps.

2.4 Ecoutez et choisissez le dessin correspondant Ω

Vous allez entendre quatre brèves conversations. Trouvez à quel
dessin correspond chaque conversation et mettez le numéro de la
conversation dans le cercle correspondant.

3.1 Regardez et parlez

Etudiez ces panneaux, puis faites l'exercice qui suit.

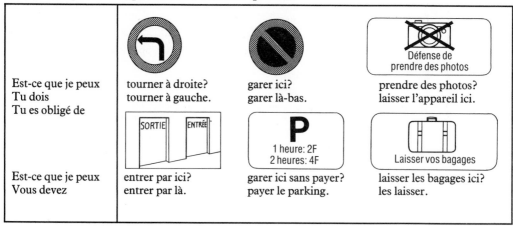

Est-ce que je peux Tu dois Tu es obligé de	tourner à droite? tourner à gauche.	garer ici? garer là-bas.	prendre des photos? laisser l'appareil ici.
Est-ce que je peux Vous devez	entrer par ici? entrer par là.	garer ici sans payer? payer le parking.	laisser les bagages ici? les laisser.

1. E   Vous ne pouvez pas [tourner à droite]. Vous devez [tourner à gauche].
2. E1 Est-ce qu'on peut [tourner à droite]?
   E2 Non, on ne peut pas. Regardez le panneau.
       Vous devez [tourner à gauche].
3. E1 Est-ce que je dois [tourner à gauche]?
   E2 Oui, tu es obligé(e).
       Regarde le panneau. On ne peut pas [tourner à droite].

3.2 Improvisez/Parlez de vous

Un visiteur français, E1, qui ne comprend pas votre langue, vous demande ce que signifient les pancartes et les panneaux qu'il voit dans la rue ou dans les bâtiments. Notez quelques-unes des formules qui y figurent et entamez une conversation, ainsi que suit:

E1 *(montrant la première pancarte)* Qu'est-ce que ça dit?
E2 Ça dit: ['Défense de fumer']. Il ne faut pas [fumer] ici.
    Il faut [aller fumer dehors]/Vous devez [aller fumer dehors].

3.3 Exercez-vous

E1 a des difficultés pour faire fonctionner un appareil.

E1 Tu peux m'aider?
E2 Oui. Qu'est-ce qu'il y a?
E1 C'est [cet appareil]. [Il] ne marche pas.
E2 Mais oui, [il] marche.
    Il faut [tourner ça de ce côté].
E1 D'accord. Merci bien.

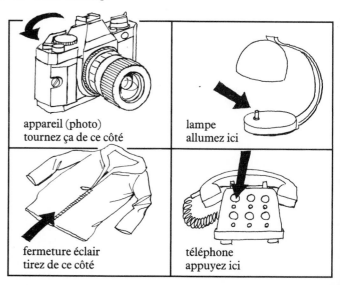

appareil (photo) tournez ça de ce côté	lampe allumez ici
fermeture éclair tirez de ce côté	téléphone appuyez ici

3.4   Retenez l'essentiel   Ω

Ecoutez la conversation enregistrée et répondez aux questions.

1. Qui parle?
   De quoi parlent-ils?
   Où sont-ils?

2. Qu'est-ce qu'il faut faire?   **a.** appuyer sur le bouton.
   b. ne pas appuyer sur le bouton.
   c. appuyer sur les deux boutons en même temps.

Ecoutez la conversation de nouveau et jouez la scène.

4   Résumé

4.1   Dans ce dossier vous avez réutilisé en grande partie ce que vous avez étudié dans les Dossiers 3 et 13 et vous avez appris à

1. demander si quelqu'un désire faire quelque chose et à répondre à la
   question en utilisant un verbe au présent (normal):   Est-ce que tu veux *[*jouer au tennis*]*?
   au conditionnel (plus poli):   Est-ce que vous voudriez *[*jouer avec moi*]*?
2. faire une suggestion: On pourrait *[*jouer au tennis*]*.
3. poser des questions sur la capacité à faire quelque chose et à y   (Est-ce que) vous savez *[*jouer aux échecs*]*?
   répondre en utilisant 'savoir' (connaissances requises, possibilité   Je sais *[*nager*]*. C'est très facile.
   générale) et en disant si c'est facile ou difficile: Je ne sais pas. C'est très difficile.
   et 'pouvoir' (possibilité physique et possibilité particulière):   Tu peux *[*jouer au tennis*]* aujourd'hui?
                                                                             Non, j'ai un rhume.
4. exprimer l'obligation: Il faut *[*tourner à gauche*]*.
                                                                             Tu dois/Vous devez *[*tourner à gauche*]*.
5. donner un conseil ou un avis: Il faut tourner ça/Tourne ça.

4.2   Et vous avez utilisé

1. le pronom indéfini 'on' dans le sens de 'nous', 'les gens':   On va *[*au cinéma*]*?
                                                                             On peut *[*garer ici*]*?
2. le conditionnel pour la demande polie, l'expression polie du désir   Est-ce que vous voudriez *[*aller au théâtre*]*?
   et de la suggestion: J'aimerais *[*sortir*]*. On pourrait *[*sortir*]*.
3. sans + infinitif: On peut garer sans *[*payer*]*.
4. le verbe 'devoir' pour l'obligation: Tu dois/Vous devez *[*entrer par ici*]*.

DOSSIER 24 ■ Comment est-ce qu'on peut y aller?

1.1 Dialogue 🎧

Bernard et Coralie attendent des amis étrangers. Ils discutent de l'endroit où ils vont les emmener le dimanche suivant.

BERNARD   On pourrait aller en Normandie...
CORALIE   C'est une bonne idée.
       Allons à Honfleur.
BERNARD   Oui, mais c'est loin. C'est à 200 kilomètres.
       Tu crois qu'on fera l'aller-retour en une journée?
CORALIE   Moi, j'aimerais bien revoir Chartres.
BERNARD   Tu as raison. C'est beau et c'est beaucoup moins loin.
CORALIE   Et je suis certaine qu'ils aimeront la cathédrale!

1.2 Exercez-vous

a. Etudiez la carte et les distances entre les villes, et exercez-vous à prononcer le nom des villes.

b. Faites les exercices en vous reportant à la carte.

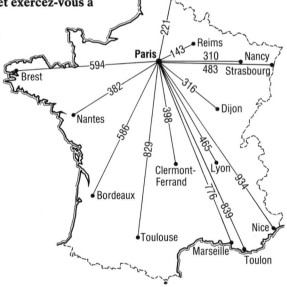

1. E *[Nice]* est très loin d'ici.
     de *[Paris]*.

2. E1   A combien (de kilomètres) est *[Nice]*?
    E2   *[Nice]* est à *[950]* kilomètres.

3. E1   Quelle est la distance de *[Paris]* à *[Toulouse]*?
    E2   Désolé, je ne sais pas.
       OU C'est loin. Il y a plus de *[700]* kilomètres.
       OU Il y a environ *[700]* kilomètres.

1.3 Exercez-vous en situation/Parlez de vous

Un(e) ami(e) et vous, E1 et E2, proposez à un visiteur français, E3, de l'emmener voir différentes villes. Commencez ainsi que suit et poursuivez en discutant des distances par rapport à la ville où vous êtes:

E1   Où est-ce que vous voudriez aller?
E3   J'aimerais aller à *[nom de ville réel]*.
     C'est à combien (de kilomètres) d'ici?
E2   C'est loin. Environ *[50]* kilomètres.
E1   Nous pourrions peut-être aller à *[nom de ville réel]*.

2.1 Dialogue ᘯ

Lisez ou écoutez le dialogue 1.1 de nouveau. Voici la suite:

BERNARD Comment est-ce qu'on va y aller?
CORALIE On peut y aller en bus.
BERNARD Oh, non! Ce n'est pas assez rapide.
CORALIE Mais c'est bon marché.
BERNARD Non, le train est mieux.
          Ce n'est pas plus cher et c'est plus rapide.
CORALIE Oui, pourquoi pas.
          Il y a un train toutes les deux heures.
BERNARD Non, nous irons en voiture.
          On peut prendre ma voiture.
CORALIE Mais alors tu conduiras lentement!

2.2 Exercez-vous

Etudiez le tableau et faites les exercices qui suivent.

Comment est-ce qu'on peut y aller?	On peut y aller	en	bus/avion. train/bateau. voiture/bicyclette.
		à pied.	

1. E Vous pouvez y aller [en bus].
2. E Vous ne pouvez pas y aller [en bus], mais vous pouvez y aller
    [en train].
3. E1 Comment est-ce qu'on peut y aller?
    E2 (Vous pouvez y aller) [en bus].
4. E1 Qu'est-ce qui est le plus rapide, [en bus] ou [en train]?
    E2 C'est plus rapide [en train].
    E1 Mais lequel est le moins cher?
    E2 C'est moins cher [en bus].

2.3 Parlez de vous

a. **Par groupes de deux ou de trois, demandez et dites comment
vous pouvez aller dans d'autres villes ou d'autres pays.
Demandez et dites quel moyen de transport est le plus rapide, et
lequel est le meilleur marché, en citant des prix si vous les
connaissez.**

b. **Par groupes de deux ou de trois, demandez-vous où vous êtes
allés pour vos vacances l'année dernière, comment vous y êtes
allés et si vous avez aimé l'endroit.**

2.4 Ecoutez et répondez ᘯ

**Vous êtes devant un immeuble. Plusieurs touristes francophones
s'arrêtent et vous demandent comment aller dans divers endroits.
Ecoutez et, quand l'un d'eux vous a parlé, répondez-lui et indiquez-
lui la distance à parcourir, la manière de se rendre à l'endroit
demandé, etc.**

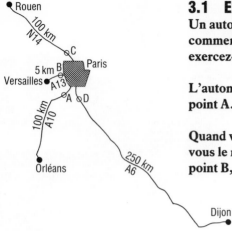

3.1 Exercez-vous en situation

Un automobiliste, E1, s'est arrêté pour demander à un piéton, E2, comment aller à des villes autour de Paris. Etudiez la carte et exercez-vous au dialogue ci-dessous.

L'automobiliste arrête le piéton au point A.

Quand vous aurez étudié le dialogue, vous le reprendrez en vous situant au point B, puis aux points C et D.

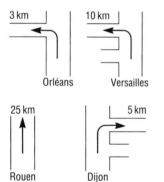

E1 Excusez-moi. Vous pouvez m'indiquer la route d'[Orléans]?
E2 Oui. [Continuez tout droit] et prenez [la première route à gauche].
E1 [La première route à gauche]. C'est loin?
E2 Non, ce n'est pas loin. C'est à environ [400 mètres]. Suivez-la pendant environ [trois] kilomètres.
E1 [Trois] kilomètres.
E2 Oui. Vous trouverez [l'autoroute], la [A10].
E1 Je prends [l'autoroute]. A combien est Orléans?
E2 Oh, à [100] kilomètres environ.
E1 Merci. Merci beaucoup.
E2 Il n'y a pas de quoi.

3.2 Exercez-vous en situation/Parlez de vous

E1, un automobiliste étranger, s'arrête pour vous demander où se trouve [le garage le plus proche].

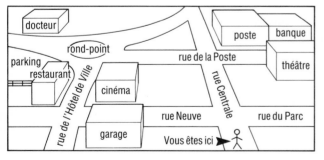

E1 Excusez-moi. Où est [le garage le plus proche], s'il vous plaît?
E2 [Le garage le plus proche]? Il y en a [un] dans [la rue Neuve].
E1 Comment est-ce qu'on y va?
E2 [Tournez à gauche ici], et [allez tout droit]. Vous arriverez à [un cinéma]. [Le garage] est [au coin, en face du cinéma].
E1 Merci. C'est loin?
E2 Non, [500 mètres] environ.

a. En vous reportant au plan, adaptez le dialogue pour demander où se trouvent:

la banque la plus proche; le médecin le plus proche; le restaurant le plus proche; la poste la plus proche; le parking le plus proche; le théâtre le plus proche.

b. Adaptez le dialogue pour demander et dire comment aller à divers endroits en ville.

3.3 Retenez l'essentiel 🎧

Regardez ce plan. Puis écoutez la conversation enregistrée entre deux amies. Tout en écoutant, vous marquez le chemin indiqué par Françoise. Ecrivez rue de Sèvres, rue des Saints-Pères, rue de Grenelle et rue Saint-Guillaume **aux endroits du plan appropriés.**

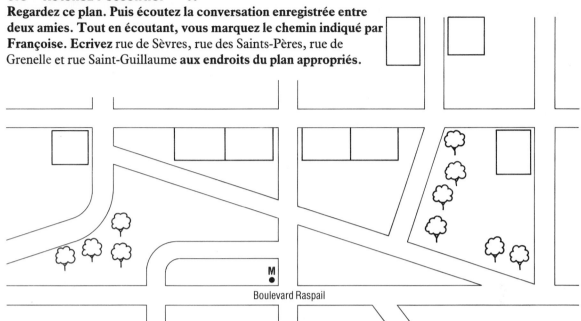

Boulevard Raspail

4 Résumé

4.1 Dans ce dossier vous avez réutilisé en grande partie ce que vous avez étudié dans les Dossiers 4 et 14 et vous avez aussi appris à

1. demander et indiquer la distance qui sépare deux endroits:

A combien est [Orléans] d'ici?
Quelle est la distance de [Paris] à [Orléans]?
C'est/Ce n'est pas (très) loin.
C'est à environ [125] kilomètres.

2. demander comment on peut aller quelque part et fournir l'indication:

Comment est-ce qu'on peut aller à [Orléans]?
Vous pouvez y aller [en train].

3. demander l'opinion de quelqu'un sur la rapidité et le coût des divers moyens de transport et à exprimer cette opinion:

Qu'est-ce qui est le plus rapide/le meilleur marché?
C'est plus rapide/meilleur marché [en train].

4. donner des indications sur la route à suivre, en indiquant les distances et des repères:

Continuez pendant [trois kilomètres] environ.
Vous arriverez à [l'autoroute].

4.2 Et vous avez utilisé

1. les prépositions 'à', 'de' et 'pendant' + expression de distance:

C'est loin/Ce n'est pas loin d'ici.
Quelle est la distance de [Paris] à [Bordeaux]?
Continuez pendant [trois kilomètres].

2. la préposition 'en' + moyen de transport:

En bus/train/avion/bateau/voiture.

3. des adjectifs au comparatif:

plus rapide; meilleur marché.

4. des adjectifs au superlatif:

le plus rapide; le meilleur marché.

5. l'impératif pour donner des indications:

Continuez [pendant trois kilomètres].

6. le futur pour indiquer des repères:

Vous arriverez [à l'autoroute].

7. des mots interrogatifs:

A combien (de kilomètres)…?
Quelle est la distance de… à …?

8. l'adverbe de lieu 'y':

On peut y aller [en voiture].

DOSSIER 25   Où est-ce?

1.1   Dialogue   Ω

Au cours d'une réunion amicale des amis parlent de leurs vacances et font des projets pour se rencontrer pendant l'été.

ARNAUD   Vous irez à Biarritz l'été prochain?

BERNARD   Oui, comme d'habitude. Et vous?

ARNAUD   Nous, nous irons passer un mois à la campagne, près de Cahors.

ISABELLE   Vous viendrez nous voir?

BERNARD   Oui, mais comment est-ce qu'on va à Cahors?

ARNAUD   De Biarritz, c'est facile. Par Toulouse.
Cahors est à 125 kilomètres au nord de Toulouse.

BERNARD   Et Toulouse est à 150 kilomètres à l'est de Biarritz.
Ce n'est pas très loin.

BRIGITTE   Alors nous viendrons.

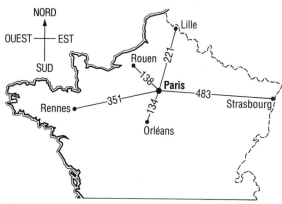

1.2   Exercez-vous

1. E   *[Lille]* est *[au nord]* de Paris?
2. E1   Est-ce qu' *[Orléans]* est *[au nord]* de Paris?
   E2   Non, c'est à *[134]* kilomètres *[au sud]* de Paris.
3. E1   Où est *[Strasbourg]* sur la carte?
   E2   C'est *[à l'est]* de Paris.
   E1   A combien est-ce que c'est de Paris?
   E2   A *[483]* kilomètres environ.
   C'est à *[483]* kilomètres *[à l'est]* de Paris.

1.3   Parlez de vous/Improvisez

Un touriste français, E1, veut savoir où se trouvent les villes principales de votre pays par rapport à la ville où vous êtes, en termes d'orientation et de distance. Poursuivez la conversation en demandant et en disant comment on peut y aller, quel est le moyen de transport le plus rapide et le meilleur marché, et combien coûte chacun des moyens de transport envisagés.

2.1 Dialogue 🎧

M. Duluc, agent immobilier, fait visiter une maison à louer à M. et Mme Salmon.

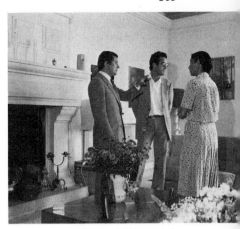

M. DULUC	Regardez la taille de cette pièce de séjour!
M. SALMON	C'est vrai. Elle fait bien sept mètres sur cinq.
M. DULUC	Et derrière vous avez une grande cuisine. Venez voir. Par ici.
MME SALMON	Les fenêtres donnent sur le jardin.
M. DULUC	A droite, il y a un garage avec une entrée directe dans la cuisine.
MME SALMON	Combien y a-t-il de chambres?
M. DULUC	Il y en a trois, au premier, avec deux salles de bains.
M. SALMON	Tu ne voudrais pas une maison comme ça?

2.2 Exercez-vous en situation

Un(e) amie(e) français(e), E1, vous montre le plan et les photos de sa maison.

E1 Voilà ma maison à [Tours].
   Voilà la porte d'entrée. Ici.
E2 Et ça, c'est la porte de derrière?
E1 Oui. Vous entrez dans la maison et le séjour est à gauche.
E2 Où est la salle à manger?
E1 Il n'y en a pas, mais il y a un coin repas.
   On peut aussi manger dans la cuisine.
   Elle est assez grande.
E2 Qu'est-ce qu'il y a sous l'escalier?
E1 C'est un W.C.
E2 Où est la cuisine?
E1 A l'arrière de la maison. Elle a une porte qui donne sur le jardin.

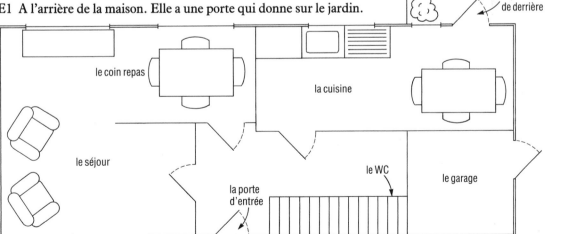

2.3 Parlez de vous

Dessinez un plan de l'appartement ou de la maison où vous habitez. Puis adaptez les dialogues ci-dessus (2.1 et 2.2) pour en faire une description à un(e) autre étudiant(e). Commencez:

J'habite dans un appartement/une maison à (*nom de la ville*).

3.1 Regardez et parlez

Regardez les dessins A et B et prenez note de l'endroit où se trouvent
les meubles et les objets. Puis étudiez les prépositions, exercez-vous
à dire les phrases, et faites les exercices qui suivent.

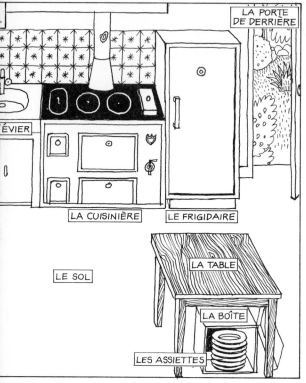

A

Les assiettes sont **dans** la boîte.
La boîte est **sur** le sol.
La boîte est **sous** la table.
La cuisinière est **entre** l'évier et le frigidaire.
Le frigidaire est **derrière** la table.
On peut aller dans le jardin **par** la porte de derrière.

1. E   Il y a [une cuisinière entre l'évier et le
        frigidaire].
2. E1 Où est [le frigidaire]?
    E2 ([Il] est) [à côté de la cuisinière].
3. E1 Il y a [une cuisinière] dans la cuisine?
    E2 Mais oui, il y en a [une].
        [Elle] est [à côté du frigidaire].

B

Les cuillères, les couteaux et les fourchettes sont
    dans le tiroir.
Les assiettes et les tasses sont **sur** l'étagère.
Les soucoupes sont **sous** l'étagère.
La cafetière est **devant** la radio.
Le pot à lait est **entre** la cafetière et les soucoupes.

1. E   Il y a [des couteaux dans le tiroir].
2. E1 Où sont [les couteaux]?
    E2 ([Ils] sont) [dans le tiroir, entre les cuillères
        et les fourchettes].
3. E1 Je ne trouve pas [les soucoupes].
    E2 Il y en a [à côté du pot à lait].

3.2 Parlez de vous

Décrivez votre cuisine à un(e) autre étudiant(e) et dites où se
trouvent les meubles et les objets. Votre partenaire pourra poser des
questions commençant par: 'Où…?'

3.3 Retenez l'essentiel 🎧

Etudiez la carte, puis écoutez la conversation enregistrée entre un homme et une femme, et dites à quelle ville ils vont.

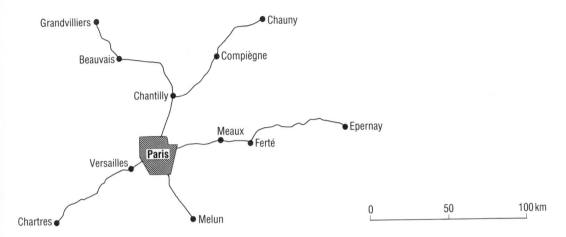

3.4 Improvisez

Un(e) ami(e) français(e), E1, vient passer une semaine chez vous. Malheureusement vous n'allez pas être chez vous souvent, parce que vous devez aller travailler. Votre ami(e) va devoir rester seul(e).

1. **Vous lui dites où se trouvent les boutiques dans le voisinage et les endroits intéressants de la ville.**
2. **Vous lui dites comment y aller.**

3. **Décrivez la maison/l'appartement en détail et dites:**
   a. **où se trouvent les pièces, et**
   b. **où sont les meubles et les objets dans ces pièces.**

(L'ami(e) pose des questions commençant par 'Où…?' pour demander où sont les choses.)

4 Résumé

4.1 Dans ce dossier vous avez utilisé une partie de ce que vous avez étudié dans les Dossiers 5 et 15 et vous avez aussi appris à

1. demander et dire où sont les villes en précisant orientation et distance:

   Où est [Lille] (sur la carte)?
   C'est à [221] km [au nord] de [Paris].

2. demander et dire où sont les pièces dans un appartement ou une maison:

   Où est [la cuisine]?
   [Elle] est là, [à l'arrière] de la maison, [à côté de la pièce de séjour].

3. demander et dire où sont les meubles et les objets dans la cuisine:

   [La cuisinière] est [entre l'évier et le frigidaire].

4.2 Et vous avez utilisé

des prépositions de lieu — sur/sous: sur la table; sous la table.

devant/derrière: devant la maison; derrière la maison.

entre: La cuisinière est entre l'évier et le frigidaire.

par: On entre par la porte de derrière.

DOSSIER 26 — Quel jour sommes-nous?

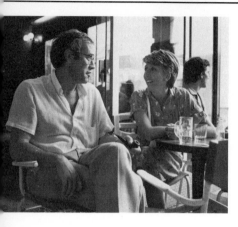

1.1 Dialogue 🎧

Jean et sa femme, Hélène, bavardent. A un moment Hélène demande la date à son mari, ce qui déclenche quelques souvenirs.

HELENE Quel jour sommes-nous aujourd'hui?

JEAN Le vingt-cinq juillet. Où étions-nous l'année dernière à cette date?

HELENE Comment! Tu ne t'en souviens pas!
Nous étions en Italie avec Jacques et Maryse.

JEAN Mais oui, nous étions ensemble pour l'anniversaire de Maryse.

HELENE C'est vrai. C'était le premier août.

JEAN Quel âge a-t-elle maintenant?

HELENE Elle aura vingt-neuf ans dans une semaine.
Tiens, on va lui envoyer une carte.

1.2 Exercez-vous

1. E1 Quel jour sommes-nous aujourd'hui?
   E2 C'est le [premier avril].
2. E1 Quel jour est-ce qu'on sera [lundi prochain]?
   E2 (Ce sera) le [deux février].
3. E1 Quel jour était-on [mercredi dernier]?
   E2 (On était) le [vingt avril].

1.3 Parlez de vous

Exercez-vous à dire les années (mille neuf cent quatre-vingt six **ou** dix-neuf cent quatre-vingt six, mille neuf cent soixante-sept, **etc.**) et **demandez-vous votre date de naissance ou celle d'amis, la date à laquelle vous avez commencé l'école, et la date à laquelle vous l'avez quittée.**

E1 Quand êtes-vous/es-tu né(e)? E2 (Je suis né(e)) en [1954].
E1 Quand êtes-vous/es-tu entré(e) à l'école? E2 (Je suis entré(e) à l'école) en [1960].
E1 Quand avez-vous/as-tu quitté l'école? E2 (J'ai quitté l'école) en [1978].

1.4 Parlez de vous

Demandez-vous vos dates de naissance ou celle d'amis. Donnez des dates réelles ou fictives.

E1 Quelle est la date de ton/votre anniversaire?

E2 En [août].
Le [6 août].
E1 Quel âge aurez-vous?
E2 J'aurai [29] ans.

OU E2 C'était en [janvier].
Le [18 janvier].
E1 Quel âge est-ce que tu as eu?
E2 J'ai eu [28] ans.

2.1 Dialogue 𝛺

Deux collègues de bureau qui ne peuvent pas prendre leurs vacances en même temps pour des raisons de service essaient d'harmoniser leurs dates de vacances.

NATHALIE On nous a proposé une maison à la campagne. J'aimerais prendre mes vacances en août. Et toi?

ANNE Ça tombe bien. Mon mari a ses vacances en juillet. Nous irons au bord de la mer.

NATHALIE Combien de temps est-ce que tu pars cet été?

ANNE Trois semaines seulement. Je voudrais garder une semaine pour aller skier l'hiver prochain. Et toi, combien de temps est-ce que tu vas prendre?

NATHALIE Oh moi, les quatre semaines. Tant pis pour le ski! Et puis, c'est trop cher.

2.2 Exercez-vous en situation/Parlez de vous

E1 demande à E2 quels sont ses projets de vacances.

E1 Quand est-ce que tu pars en vacances cette année?   **Quand?**

E2 En été/automne/hiver. ⚠ Au printemps.

E1 Pour combien de temps est-ce que tu pars?   **(Pour) combien de temps?**

E2 Pour [deux semaines].

E1 Où est-ce que tu iras?   **Où?**

E2 [En Autriche].

E1 Oh, très bien. Comment est-ce que tu iras?   **Comment?**

E2 [En voiture].

E1 Combien de temps est-ce qu' { il faut pour y aller? / que { le voyage dure?   **Combien de temps?**

E2 Environ [un jour], je pense.

2.3 Exercez-vous en situation/Parlez de vous/Improvisez

E1 pose des questions à son ami(e), E2, sur ses vacances de l'année passée. Commencez ainsi que suit:

E1 Quand est-ce que tu es parti(e) en vacances l'année dernière?

E2 (Nous sommes partis) [au printemps], en [mai].

E1 Où est-ce que vous êtes allés?

E2 (Nous sommes allés) [en Espagne].

Poursuivez en posant des questions sur les dates (Quand est-ce que vous êtes revenus?), **sur la durée des vacances, le moyen de transport, la longueur du voyage, l'endroit où ils étaient, ce qu'ils ont fait, etc.**

2.4 Ecoutez et prenez des notes 𝛺

Ecoutez ce que dit la dame qui fait une réservation pour un séjour en Tunisie. Mettez-vous à sa place et notez les renseignements que lui donne l'agent de voyages au sujet du coût du séjour, de la durée du voyage et des dates de départ et de retour.

3.1   Lisez et parlez

Voici un passage de la lettre qu'un ami français qui vous écrit
environ une fois par an vous a envoyée en avril. Lisez-la
attentivement, puis faites les exercices de la colonne de droite.

~3~

Je suis allé à Paris en
novembre, et je suis resté chez
des amis. Je suis resté chez eux
deux semaines et j'ai passé de
très bonnes vacances.

En décembre, je suis allé aux
Etats-Unis et j'y suis resté deux
semaines. Puis j'ai passé quelques
jours au Canada. J'ai trop
travaillé pendant ce voyage, je
pense, parce que j'ai été malade
en janvier. Je suis resté au lit
trois semaines. Je me sens
mieux maintenant mais je

**Demandez-vous et dites ce qu'il a fait, quand et
pendant combien de temps.**

1. E   Il [est allé à Paris en novembre].
        C'était il y a [six mois].
2. E1 Est-ce qu'il [est allé à Paris] il y a
        [trois mois]?
    E2 Oui, il [y est allé].
    ou Non, il [y est allé] il y a [six mois].
3. E1 Quand est-ce qu'il [est allé à Paris]?
    E2 [En novembre].
    ou Il y a [six mois].

3.2   Exercez-vous/Parlez de vous

Etudiez les énoncés ci-dessous et dites des choses que vous avez
faites. Dites chaque fois quand vous les avez faites.

J'ai [acheté ma voiture]	il y a	trois jours. une semaine/deux semaines. un mois/six mois/dix-huit mois. un an/trois ans.

3.3   Exercez-vous

El et E2 bavardent au cours d'une soirée et parlent des endroits où ils
sont allés. Exercez-vous au dialogue en utilisant les lieux et les dates
de la colonne de droite.

E1 Est-ce que vous êtes allé(e) en [Grèce]?
E2 Oui.
E1 Quand?
E2 [En novembre].
E1 Oh, il y a [six mois].
E2 Oui, c'est ça.

la Suisse — en 1979.
l'Autriche — en juillet dernier.
l'Italie — l'été dernier.
l'Amérique du Sud — au printemps dernier.
l'Irlande — en octobre 1983.
la Grèce — l'hiver dernier.

3.4   Parlez de vous/Improvisez

Par groupes de deux, posez-vous des questions au sujet des endroits où vous êtes allés, et dites
quand. Adaptez le dialogue proposé en 3.3 (ci-dessus), et poursuivez en demandant:

a. **pourquoi l'autre personne y est allée:**   Pourquoi est-ce que tu y es/vous y êtes allé(e)?
b. **la durée de son séjour:**   Combien de temps est-ce que vous y êtes resté(e)?
c. **ses impressions sur le pays:**   C'était comment?
d. **ce qu'il/elle y a fait:**   Qu'est-ce que vous avez fait?
e. **où il/elle est resté(e):**   Où est-ce que vous êtes resté(e)?

3.5   Retenez l'essentiel   ⌂

Vous allez entendre une conversation entre M. Beaujeu et un collègue de bureau. Ecoutez bien, et notez les villes que M. Beaujeu va visiter, les dates et les raisons de sa visite. Puis, remplissez le tableau.

	Où	Dates	Pour quoi faire?
1.			
2.			
3.			

4   Résumé

4.1   Dans ce dossier vous avez réutilisé une grande partie de ce que vous avez étudié dans les dossiers 6 et 16 et vous avez appris à

1. demander et dire la date d'aujourd'hui: Quel jour sommes-nous?
   C'est le [premier mai]. C'est le [deux mai].

        d'un jour à venir: Quel jour est-ce qu'on sera [mardi prochain]?
   Ce sera le [12 février].

        d'un jour passé: Quel jour est-ce qu'on était [lundi dernier]?
   C'était le [27 octobre].

2. demander et dire quand on est né: Quand es-tu/êtes-vous né(e)?
   Je suis né(e) le [16 novembre 1958].

3. demander et dire quand on a commencé/quitté l'école: J'ai commencé/quitté l'école en [1973].

4. demander et dire quand est un anniversaire: Quand est ton anniversaire?
   C'est/C'était en [août].

5. demander et dire son âge: Quel âge est-ce que vous aurez/avez eu?
   J'aurai/J'ai eu [29] ans.

6. demander et donner des renseignements concernant des vacances sur

        la durée du séjour: (Pour) combien de temps est-ce que vous partez?
   (Pour) [deux semaines].

        la durée du voyage: Combien de temps est-ce que le voyage va prendre?
   [Un jour].

7. demander et dire quand un événement s'est produit en utilisant 'il y a':   Quand est-ce qu' [il est allé à Londres]?
   ([Il y est allé]) il y a [six mois].

4.2   Et vous avez utilisé

1. il y a + expression de durée: J'ai acheté ma voiture il y a [un an].
2. le passé composé du verbe 'avoir':   Quel âge est-ce que vous avez eu?
3. l'expression interrogative 'combien de temps':   Combien de temps est-ce que [vous y êtes resté]?
4. 'pour', préposition de temps: Je pars pour [six mois].

DOSSIER 27 A qui est-ce?

1.1 Dialogue 🎧

Des porteurs distribuent les bagages qui viennent d'être déchargés de l'avion. M. Penot essaie de trouver les siens.

M. PENOT	Vous pouvez me donner ma valise?
LE PORTEUR	Laquelle est-ce?
M. PENOT	La rouge là-bas, c'est la mienne.
LE PORTEUR	Cette rouge? C'est la vôtre?
M. PENOT	Non, pas celle-là. La mienne est à côté. J'ai aussi un sac.
LE PORTEUR	Le noir en cuir, il est à vous?
M. PENOT	Non, ce n'est pas le mien.
UN PASSAGER	Il est à moi. Passez-le moi, s'il vous plaît.
M. PENOT	Ah, voilà mon sac. J'ai tout maintenant. Merci bien.

1.2 Exercez-vous

Etudiez le tableau ci-dessous, et faites les exercices qui suivent.

Voilà Ça, c'est	mon/ma mes ton/ta tes son/sa ses notre nos votre vos leur leurs	sac/valise. sacs/valises.	C'est Ce sont	le mien/la mienne. les miens/les miennes. le tien/la tienne. les tiens/les tiennes. le sien/la sienne. les siens/les siennes. le/la nôtre/les nôtres. le/la vôtre/les vôtres. le/la leur/les leurs.	Il Elle Ils Elles	est sont	à	moi. toi. lui/elle. nous. vous. eux/elles.

1. E   [Cette valise est] à [moi].
2. E   [Cette valise n'est pas] à [elle]. [C'est la mienne].
3. E1 A qui [est celle-ci/celle-là]? E2 [C'est la mienne].

ce manteau	celui-ci/celui-là.
cette maison	celle-ci/celle-là.
ces livres	ceux-ci/ceux-là.
ces chaussures	celles-ci/celles-là.
ces valises	

1.3 Exercez-vous en situation

Vous avez perdu votre parapluie et vous allez le réclamer au bureau des objets trouvés. Vous le demandez à l'employé, E2.

E2 Un parapluie noir. Celui-là, c'est le vôtre?
E1 Non. Le mien est vieux, et il est moins grand que celui-là.
E2 Et celui-là, il est à vous?
E1 Oui, c'est ça. C'est le mien. Merci beaucoup.

Adaptez ce dialogue pour réclamer et décrire d'autres objets que vous avez perdus.

2.1 Dialogue 🎧

M. Legrand qui doit aller passer quelques jours à Paris demande à
M. Cousteau s'il connaît un hôtel qu'il peut lui recommander.

M. LEGRAND	Vous connaissez un hôtel à Paris?
M. COUSTEAU	Oui, j'en connais plusieurs.
	Il y a le Montparnasse Park.
M. LEGRAND	Comment est-il?
M. COUSTEAU	C'est un grand hôtel, très moderne.
M. LEGRAND	Il doit être cher.
M. COUSTEAU	Oui, assez. Mais il y a aussi l'Hôtel Waldorf.
	Il est dans le même quartier que le Montparnasse Park.
	Il est plus petit et il est beaucoup moins cher.
M. LEGRAND	C'est ce qu'il me faut.
M. COUSTEAU	Mais il faut réserver. Il est souvent complet.

2.2 Exercez-vous

Etudiez les phrases ci-dessous, et reprenez le dialogue en utilisant
les éléments proposés.

Comment est [l'hôtel]?	[Il] est [grand], et [il] est [près de la gare].
Comment sont [les chambres]?	Elles sont [grandes mais bruyantes].

Comment [est le Grand Hôtel]?			*endroits*	*favorable*	*défavorable*
				tranquille	bruyant(e)
[Il est]	très	[tranquille].	Le [Grand Hôtel]	bon marché	cher (chère)
	bien	[bruyant].	votre maison/appartement	petit(e)	grand(e)
	trop			dans une rue calme	près de la gare
				près des magasins	loin des magasins
[Il est]	[dans une rue calme].		les chambres	grand(e)	petit(e)
	[près de la gare].		ton bureau	calme	bruyant(e)
			votre usine	propre	sale

2.3 Improvisez/Parlez de vous

Par groupes de deux, trois ou quatre, posez-vous des questions sur
des endroits que vous connaissez — votre maison, votre
appartement, des hôtels, des magasins ou d'autres endroits de votre
ville ou d'autres villes de votre pays ou de pays étrangers. Posez des
questions comme celles qui suivent, et faites des commentaires
favorables ou défavorables.

Comment est votre maison/appartement/chambre?
Vous connaissez [le Grand Hôtel]?
Comment [est-il]? Comment est le nouveau restaurant [italien]?
Comment est [Paris]? **etc.**

3.1 Regardez et parlez

Etudiez la carte et les phrases du tableau de droite, puis faites les exercices. Le premier fait référence au temps qu'il fait aujourd'hui, le deuxième à la carte comme si c'était celle d'hier.

✳ = (neige) Il neige/Il fait froid.

//// = (pluie) Il pleut.
Le temps est humide/pluvieux.

☁ = (nuage) Le ciel est nuageux.

≡ = (brouillard) Il fait du brouillard.

☼ = (soleil) Le soleil brille.
Il fait soleil/beau/chaud.

1. E1 Quel temps est-ce qu'il fait dans [le nord de la France] (aujourd'hui)?
   E2 [Il ne fait pas très beau]. [Il fait mauvais]. [Il pleut] OU [Le temps est humide].

2. E1 Quel temps est-ce qu'il faisait dans [le nord de la France] (hier)?
   E2 [Il ne faisait pas très beau]. [Il pleuvait] OU [Le temps était humide].

3.2 Exercez-vous en situation

Deux amis, E1 et E2, regardent la rubrique 'Le temps qu'il fait dans le monde' dans le journal. Posez-vous des questions sur le temps dans divers endroits, et faites la comparaison avec le temps qu'il faisait hier dans votre ville.

E1 Quel temps est-ce qu'il faisait hier à [Alger]?
E2 [Il faisait beau].
E1 Quelle était la température?
E2 (Il y avait) [10°] (centigrades).
E1 Il faisait plus [froid] que ça ici.
E2 Oui, et [le temps était beau].

Le temps qu'il fait dans le monde

	Mini	Maxi									
Alger	10	20	Beau	Djerba	11	21	Beau	Madrid	10	15	Pluie
Amsterdam	-10	- 2	Eclaircies	Dublin	- 3	0	Beau	Marrakech	9	26	Beau
Athènes	12	15	Couvert	Genève	0	4	Pluie	New York	1	3	Beau
Bonn	-12	- 2	Neige	Jérusalem	8	22	Beau	Palerme	10	15	Pluie
Bruxelles	- 9	- 4	Neige	Lisbonne	13	16	Pluie	Paris	- 1	3	Pluie
Casablanca	13	20	Beau	Londres	- 6	- 2	Neige	Rome	4	10	Averses
Copenhague	-12	- 4	Eclaircies	Los Angeles	13	23	Beau	Stockholm	-21	- 5	Beau
Dakar	18	26	Beau	Luxembourg	- 9	- 7	Neige	Tunis	9	20	Beau

3.3 Regardez, écoutez et lisez en essayant de comprendre le plus possible 🎧

a. Regardez la carte et écoutez le bulletin météorologique enregistré.

b. Lisez le texte et dessinez les symboles correspondants sur la carte.

Voici le bulletin météorologique pour les prochaines vingt-quatre heures. Dans l'est de la France et en montagne il y aura de la neige et des vents violents. Il fera très froid.

Dans le nord, le temps sera moins froid. Il y aura des brouillards le matin. Mais les brouillards disparaîtront et le temps se mettra au beau avec quelques apparitions du soleil. Il fera assez chaud. Dans l'ouest, il fera froid le matin, mais le froid ne durera pas et il y aura probablement du soleil dans l'après-midi. Dans le sud, il fera beau le matin mais le temps changera dans l'après-midi. Il y aura de la pluie et il fera plus froid.

3.4   Retenez l'essentiel   ∩
Vous allez entendre une conversation enregistrée entre la patronne d'un restaurant et un client. Ecoutez bien et répondez aux questions ci-dessous.

1. Pourquoi est-ce que le client téléphone au restaurant?
2. Comment est le manteau du client?
3. Quand est-ce que le client repassera au restaurant?

3.5   Improvisez
Un(e) de vos collègues français, E1, doit venir dans votre pays en voyage d'affaires. Il/elle doit arriver après-demain. Vous, E2, vous êtes occupé de lui retenir une chambre d'hôtel il y a quelques jours. Il/elle vous téléphone pour savoir le nom et l'adresse de l'hôtel. Il/elle veut également savoir comment est l'hôtel et le temps qu'il fait. Répondez à ses questions.

4   Résumé
4.1   Dans ce dossier vous avez réutilisé une partie de ce que vous avez étudié dans les Dossiers 7 et 17 et dans d'autres dossiers, et vous avez aussi appris à

1. demander et dire à qui un objet appartient:
A qui est [cette valise]? C'est [la vôtre]?
[Cette valise] n'est pas à [moi]. C'est [la sienne].

2. demander et donner la description d'un endroit ou les impressions qu'on en a:
Comment est [l'hôtel]? Comment sont [les chambres]?
[Il] est [grand]. [Il] est [près de la gare].
[Elles] sont [petites et très calmes].

3. demander et donner des précisions sur le temps
— en divers endroits aujourd'hui:
Quel temps fait-il [dans l'est] (aujourd'hui)?
[Il fait mauvais]. [Il pleut].

— en divers endroits hier:
Quel temps faisait-il à [Paris] hier?
[Il faisait mauvais]. [Il pleuvait].

4. comprendre le sens général d'un bulletin météorologique (par écrit ou à la radio):
Il y aura de la neige et des vents violents dans l'est et en montagne, etc.

4.2   Et vous avez utilisé

1. les pronoms possessifs: le mien/la mienne/les miens/les miennes, etc.
2. les interrogatifs — A qui...? A qui est [cette valise]?
   Comment...? Comment est [cet hôtel]?
   Quel + nom? Quel temps fait-il?
3. l'expression 'le même que': Il est dans le même quartier que [le Waldorf].
4. le comparatif d'infériorité: Il est moins [cher] que [le Waldorf].
5. 'devoir' pour exprimer une hypothèse: Il doit être [cher].

DOSSIER 28   Ça me plaît

1.1   Exercez-vous

1. E   [Les films américains] me plaisent/ne me plaisent pas.
2. E1   [Les films américains] vous plaisent?
      E2   Oui, (beaucoup).
           OU Non, (pas du tout). Ça m'ennuie.

les films [américains]
les échecs/le tennis/le football
la musique [classique]
les voyages

1.2   Dialogue   ♩

Daniel a prêté un livre à Bertrand. Ils en parlent quelques jours après.

DANIEL   Je t'ai prêté un livre. Tu l'as lu?
BERTRAND   Oui, je l'ai lu.
DANIEL   Il t'a plu?
BERTRAND   Pas vraiment. L'histoire ne me plaît pas beaucoup. Elle est trop triste.
DANIEL   Moi, j'aime beaucoup cette histoire. Tant pis!
BERTRAND   J'aime bien lire, mais je préfère les romans policiers.
DANIEL   Je ne peux pas t'en prêter, parce que je n'en lis jamais. Ça m'ennuie.

1.3   Exercez-vous

Etudiez les phrases du tableau ci-dessous et faites les exercices qui suivent.

J'aime		jouer au tennis.	Est-ce que	le film	t'a	amusé?
Ça me plaît	de	jouer du piano.		le concert	vous a	plu?
Ça m'ennuie	d'	écouter de la musique.		le match		ennuyé?
J'ai horreur		regarder les films [policiers].		la soirée		
		conduire.				
		faire la cuisine.				

1. E1   Est-ce que [le concert] [vous a] [plu]?
      E2   Oui, beaucoup. [Ça me plaît d'] [écouter de la musique].
      E1   Moi, j'ai préféré [le concert] [de la semaine dernière].

2. E1   Vous avez aimé [le film] hier soir?
      E2   Pas du tout. [Ça m'ennuie de] [regarder les films policiers].
      E1   Moi, [ça me plaît] beaucoup. J'ai passé une bonne soirée.

2.1 Dialogue

Bernard regarde, à la télévision, un match de football entre les équipes nationales de France et d'Espagne. Alain vient le rejoindre.

BERNARD Ah, pourquoi est-ce qu'il n'a pas fait de passe?
Les Français jouent mal aujourd'hui.
JEAN Qui gagne?
BERNARD Les Espagnols. Ils jouent beaucoup mieux.
JEAN Mais les Français jouent bien quelquefois!
BERNARD Je ne regarderai plus ces matchs.
Le football me plaît, mais je n'aime pas regarder quand mon équipe perd.

2.2 Exercez-vous

Etudiez les tableaux ci-dessous et dites les phrases exemples. Puis posez-vous des questions au sujet de gens que vous connaissez.

1.

[Jean] [Marie]	est (très) bon(ne)/fort(e) n'est pas très bon(ne)	aux	échecs.
		au	tennis/football.
		en	français/espagnol/allemand.
	fait très bien la cuisine/le café. conduit/danse/chante/ écrit/lit très bien.		

E1 Est-ce que [Jean] [est bon au tennis]?
E2 Oui, [il] [est très bon].
ou Non, [il] [n'est pas très bon].

2.

[Jean] est un bon/mauvais	joueur/joueuse de tennis. danseur/danseuse.	Il Elle	joue	très bien très mal	au tennis.
[Marie] est une bonne/mauvaise	conducteur/conductrice. cuisinier/cuisinière.		danse conduit		
			fait		la cuisine.

E1 Est-ce que [Bertrand] est [un bon jouer de tennis]?
E2 Oui. [Il joue] très bien [au tennis].
ou Non. [Il ne joue pas] très bien [au tennis].

3.

[Jean] [Marie]	joue danse conduit cuisine	(beaucoup) mieux (beaucoup) plus mal	que	[Paul]. [Sylvie].	C'est	un meilleur	joueur. danseur.
						une plus mauvaise	conductrice. cuisinière.

E1 Est-ce que [Jean] est [un bon conducteur]?
E2 Oui. [Il conduit] (beaucoup) mieux que [Paul].
C'est [un meilleur conducteur].
ou Non. [Il conduit] (beaucoup) plus mal que [Paul].

3.1 Dialogue Ω

3.2 Exercez-vous

Etudiez le tableau et faites les exercices qui suivent.

J'aime (beaucoup)	le	vin. fromage. dessert.	Ce	vin fromage dessert	me plaît.	C'est du très bon	vin. fromage. dessert.	
	la	viande. salade.	Cette	viande salade		C'est de la très bonne	viande. salade.	
	les	haricots verts. fraises.	Ces	haricots verts fraises	me plaisent.	Ce sont de	très bons haricots verts.	
							très bonnes fraises.	

1. E1 [Ce fromage] vous [plaît]?
   E2 Oui, j'aime beaucoup [le fromage] et [c'est du très bon fromage].
      OU Non, pas vraiment. Je n'aime pas (beaucoup) [le fromage].

3.3 Exercez-vous en situation/Improvisez

E1 a invité un collègue, E2, au restaurant. Commencez ainsi que suit et poursuivez en demandant à E2 s'il aimerait du vin, des fruits, du café, etc.

E1 Ça vous plaît?
E2 Oui, beaucoup. Mon bifteck est très bon. C'est de la très bonne viande. Et la vôtre?
E1 Le mien n'est pas assez saignant pour moi. Mais je le trouve bon.

3.4 Exercez-vous en situation/Parlez de vous/Improvisez
Deux amis, E1 et E2, parlent de ce qu'ils ont fait la semaine dernière.

E1 Nous *[sommes allés au cinéma vendredi dernier]*.
E2 Vraiment? Comment était le *[film]*?
E1 Il était très bon. Il nous a beaucoup plu.
   OU Il était mauvais. Nous ne l'avons pas aimé du tout.

Reprenez avec:

Nous sommes allés au restaurant *[Chez Pierre]* hier soir — le repas
Nous sommes restés au *[Grand]* Hôtel à *[Paris]* le mois dernier —
l'hôtel

**Adaptez la conversation pour demander et dire ce que vous avez fait
[la semaine dernière], si ça vous a plu ou non, et dites pourquoi.**

3.5 Retenez l'essentiel 🎧
**Vous allez entendre une conversation enregistrée entre deux amies,
Christine et Marie-Noëlle. Après l'avoir écoutée, vous répondrez
aux questions ci-dessous.**

1. De quoi parlent les deux amies?
2. Est-ce qu'elles ont passé de bonnes vacances l'année dernière?
3. Quel temps faisait-il en Normandie pendant l'été de l'année
   dernière?
4. Où est-ce que Christine et Marie-Noëlle vont passer leurs vacances
   cet été?

4 Résumé
**4.1 Dans ce dossier vous avez réutilisé une partie de ce que vous avez étudié dans les Dossiers 8 et
18 et vous avez aussi appris à**

1. parler du plaisir que vous prenez en termes généraux: — *[Le tennis]* me plaît. J'aime *[le tennis]*.
2. exprimer le plaisir que vous prenez maintenant ou que vous avez pris: — *[Ce repas]* me plaît. C'est *[un très bon repas]*. / *[Ce repas]* m'a plu. C'était *[un très bon repas]*.
3. demander et dire votre plaisir, vos goûts: — *[Le tennis]* vous plaît? Vous aimez *[le tennis]*? J'aime *[jouer au tennis]*.
4. demander si quelqu'un est bon à une activité et à donner l'indication: — Est-ce que *[Jean]* est bon *[au piano]*/fort *[en anglais]*? Est-ce que *[Jean]* est un bon *[joueur]*? Oui, c'est un bon *[joueur]*.
   et à comparer les gens: — Oui, *[il joue]* mieux que *[Pierre]*. Non, *[il joue]* plus mal que *[Pierre]*.

4.2 Et vous avez utilisé

1. le verbe 'plaire' (à quelqu'un) au présent et au passé composé: — Ça me plaît. Est-ce que ça t'a plu?
2. l'expression bon/fort à/en: — Il est bon/fort au tennis/en anglais.
3. les comparatifs de 'bon' et de 'bien', 'meilleur' et 'mieux': — C'est un meilleur *[joueur]*. Il *[joue]* mieux que *[Pierre]*.

DOSSIER 29 — Combien est-ce qu'il t'en faut?

1.1 Dialogue 🎧

Anne, qui est bonne pâtissière, va montrer à son fils Claude comment faire un gâteau roulé.

ANNE   De quoi est-ce que tu as besoin?
CLAUDE Il me faut des œufs. Tu en as?
ANNE   Oui. Combien est-ce qu'il t'en faut?
CLAUDE J'ai besoin de trois œufs.
ANNE   Ça va. Il m'en reste plusieurs.
CLAUDE Et il me faut 250 grammes de farine et 250 grammes de sucre.
ANNE   C'est facile. J'ai tout ça.
CLAUDE Ah, j'oubliais.
         Quand le gâteau sera cuit, il me faudra un peu de confiture.
ANNE   D'accord, j'en ai aussi.
CLAUDE Montre-moi maintenant.

1.2 Exercez-vous

Etudiez le tableau en faisant attention aux expressions de quantité qui diffèrent selon qu'il s'agit d'éléments qu'on peut compter, ou de substances qu'on ne peut pas diviser en unités.

Unités comptables			Substances non-comptables		
Combien d'œufs est-ce que vous avez?	J'en ai	trois. quelques-uns. plusieurs. peu. assez. beaucoup.	Combien de sucre est-ce que vous avez?	J'en ai	un paquet. une livre. un kilo. un peu. assez. beaucoup.
Combien d'œufs est-ce qu'il te faut?	Il m'en faut		Combien de sucre est-ce qu'il te faut?	Il m'en faut	
Combien d'œufs est-ce qu'il y a?	Il y en a		Combien de sucre est-ce qu'il y a?	Il y en a	

A
1. E1 Vous avez beaucoup de [robes].
   Combien de [robes] est-ce que vous avez?
  E2 J'en ai [trois].
   ou Je n'en ai pas beaucoup/du tout.
2. E1 Combien de [robes] est-ce qu'il te faut?
  E2 Il m'en faut [trois].
   ou Il ne m'en faut pas beaucoup/du tout.
3. E1 Combien de [robes] est-ce qu'il y a?
  E2 Il y en a [trois].
   ou Il n'y en a pas beaucoup/du tout.

B
1. E1 Vous avez beaucoup de [thé]?
  E2 Oui, j'en ai [un peu].
2. E1 Combien de [thé] est-ce qu'il te faut?
  E2 Il m'en faut [un paquet].
3. E1 Combien de [thé] est-ce qu'il y a?
  E2 Il y en a [un peu].

Utilisez: chemises, pommes, disques, vin, beurre, argent.

2.1 Dialogue Ω

Des jeunes gens campent dans la montagne. Ils n'ont presque plus de provisions et il faut aller en chercher au village.

JACQUES Qu'est-ce qui nous reste?
HELENE Il y a encore quelques œufs, mais il n'y a plus de légumes.
HENRI Et du pain, il y en a?
HELENE Non, nous l'avons fini ce matin.
JACQUES Combien de viande est-ce qu'il nous reste?
HELENE Très peu. Il ne nous en reste presque pas.
SYLVIE Il y a encore quelques pommes, mais pas beaucoup.
HENRI Qui va descendre au village?

2.2 Exercez-vous

Etudiez le tableau ci-dessous, et faites les exercices qui suivent.

Combien est-ce qu'il / Combien est-ce qu'il y a	reste faut	de	pain? café? farine? thé? confiture? beurre?	Il	m' t' lui nous vous leur	en	reste faut	encore	une livre. un peu. assez. beaucoup.
			citrons? bananes? disques?		y		a		un/deux/trois. quelques-un(e)s. plusieurs. peu/assez/beaucoup.
		d'	œufs?						

1. E1 Il y a encore [des œufs]?
   E2 Oui, il [y en a] encore [deux].
     OU Non, il [n'y en a] plus.
2. E1 Combien de [beurre] est-ce qu'il [te reste]?
   E2 Il [m'en reste] encore [une livre].
     OU Il [ne m'en reste] plus.

2.3 Exercez-vous en situation/Improvisez

Vous allez acheter des provisions avant de partir pique-niquer à la campagne avec des amis. L'épicier, E2, vous demande combien il vous faut de chaque chose. Commencez ainsi que suit:

E2 Vous désirez, Monsieur?
E1 Je voudrais du fromage.
E2 Combien de fromage est-ce qu'il vous faut?
E1 J'en voudrais 300 grammes.

2.4 Ecoutez et parlez Ω

Vous changez de l'argent dans une banque. Ecoutez ce que dit le caissier et répondez à ses questions.

120

3.1 Lisez et parlez

Lisez attentivement cette liste de courses et exercez-vous au dialogue ci-dessous. Adaptez-le pour demander ce qu'il y a d'inscrit sur la liste.

> un litre de lait
> une bouteille de vin
> un paquet de sucre
> (1 kilo)
> une boîte de petits pois
> deux paquets de cigarettes
>
> deux boîtes d'allumettes
> un paquet de café
> un kilo de tomates
> une livre de beurre
> un tube de dentifrice

E1 Je voudrais [du lait], s'il vous plaît.
E2 Oui. Combien?
E1 Donnez m'en [un litre].
E2 Voilà [votre litre de lait].

3.2 Exercez-vous en situation/Improvisez

Vous partagez un appartement de vacances avec un(e) ami(e) français(e). Commencez ainsi que suit:

E1 Est-ce qu'il nous faut du lait?
E2 Oui, il en reste très peu.
E1 Combien est-ce qu'il nous en faut?
E2 Un litre, ce sera assez, je pense.

Continuez la liste des courses à faire en vous référant à la liste donnée en 3.1.

3.3 Exercez-vous en situation/Improvisez

Un visiteur français, E1, vous pose des questions sur le coût de la vie dans votre pays. Commencez ainsi que suit et donnez le détail de ce que vous avez acheté, dites combien coûte chaque article et quand vous l'avez acheté.

E1 La nourriture est chère dans ce pays?
E2 Non, pas vraiment.
   Hier, par exemple, j'ai acheté beaucoup de choses, et j'ai dépensé *(montant réel)*.
E1 Qu'est-ce que vous avez acheté?
E2 J'ai acheté [du café, une livre de café].
E1 Combien est-ce que vous l'avez payé?
E2 *(prix réel)*.

3.4 Retenez l'essentiel 🎧

Regardez le tableau ci-dessous. Puis écoutez la conversation enregistrée entre Mme Legros et l'épicier. Notez les quantités achetées et les prix à payer, et faites le total. Combien ça fait?

Objet	Prix	Quantité achetée	Prix à payer
carottes	4,50 F le kilo	....	....
tomates	12,00 F le kilo	....	....
beurre	32,00 F le kilo	....	....
café	14,00 F le paquet	....	....
haricots verts	12,00 F la boîte de 1 kilo	....	....
		TOTAL	

4 Résumé

4.1 Dans ce dossier vous avez réutilisé une grande partie de ce que vous avez étudié dans les Dossiers 9 et 19 et vous avez aussi appris à

1. demander et exprimer des besoins concernant
   — des quantités d'objets qu'on peut compter:

   Combien d'[œufs] est-ce qu'il vous faut?
   De combien d'[œufs] avez-vous besoin?
   Il m'en faut deux/quelques-uns/plusieurs/beaucoup.

   — des quantités de substances qu'on ne peut pas compter:

   Combien de [sucre] est-ce qu'il vous faut?
   De combien de [sucre] avez-vous besoin?
   J'ai besoin d'un paquet/d'une livre/d'un peu/de beaucoup de [sucre].

2. demander et dire si on a une certaine quantité de quelque chose ou si c'est disponible:

   J'ai un kilo/un peu/beaucoup de [sucre].
   Il y a une livre/assez de/beaucoup de [pain].
   Il y en a un peu.
   Il reste quelques [oranges]. Il en reste quelques-un(e)s.

3. exprimer le besoin d'une certaine quantité de quelque chose:

   Je voudrais [un kilo de sucre], s'il vous plaît.
   Donnez-moi [un kilo de sucre].
   Donnez m'en [un kilo].

4.2 Et vous avez utilisé

1. des mots interrogatifs de quantité:

   Combien d'[oranges] est-ce que tu veux?
   De combien d'[argent] est-ce que tu as besoin?

2. des mots exprimant la quantité
   — définie, précise:

   trois/un kilo de/un litre de.

   — indéfinie:

   quelques(-uns); plusieurs; beaucoup (de); un peu (de); assez (de).

3. des pronoms compléments
   — d'attribution:
   — 'en', remplaçant de(s) + nom:
   et vous avez remarqué l'ordre dans lequel ils apparaissaient dans la phrase.

   Donne-moi trois œufs — Qu'est-ce qu'il te faut?
   Il m'en faut trois (= Il me faut des œufs).

4. la négation 'ne ... plus' (≠ encore):

   Il en reste encore? — Non, il n'en reste plus.

DOSSIER 30 ▌ Qu'est-ce que vous avez fait?

1.1 Dialogue 🎧

Sylvie et René s'inquiétaient car Nicole ne trouvait pas de travail.

SYLVIE Nicole t'a téléphoné?
RENE Non, pourquoi?
SYLVIE Quoi! Elle ne t'a rien dit?
RENE Mais non. Qu'est-ce qu'elle a fait?
SYLVIE Elle a passé un examen et elle a trouvé du travail.
RENE Je suis vraiment content pour elle.
      Qu'est-ce qu'elle fait?
SYLVIE Elle est secrétaire de direction.

1.2 Exercez-vous

Etudiez le tableau ci-dessous, puis demandez-vous ce que vous avez fait et ce qu'ont fait des gens que vous connaissez. Répondez et dites ce que vous allez faire.

Est-ce que	tu as il/elle a vous avez ils/elles ont	lu le rapport? tapé toutes les lettres? parlé au directeur? écrit à M. Legrand? pris tous les rendez-vous? reçu tous les visiteurs?	Non, pas encore, mais	je vais il/elle va nous allons ils/elles vont	le lire les taper lui parler lui écrire les prendre les recevoir le faire	demain.

Revoyez la formation des participes passés et, en particulier, les participes passés irréguliers les plus courants.

1.3 Exercez-vous

Etudiez le tableau ci-dessous, puis demandez-vous ce que vous avez fait et ce qu'ont fait des gens que vous connaissez. Répondez en disant que vous venez de le faire.

Est-ce que	tu as il/elle a vous avez ils/elles ont	fait la cuisine? vendu la voiture? bu leur café? réparé la bicyclette? pris de l'essence?	Oui,	je viens il/elle vient nous venons ils/elles viennent	de	faire la cuisine. vendre la voiture. boire le café. réparer la bicyclette. prendre de l'essence. le faire.

1.4 Exercez-vous

Posez-vous des questions, par groupes de deux, sur ce que vous avez fait et alternez les réponses avec Non, pas encore, je vais… et Oui, je viens de…

2.1 Dialogue 🎧

Nicole bavarde avec une de ses nouvelles collègues, Véronique.

VERONIQUE Tu travailles depuis combien de temps?
NICOLE Depuis cinq ans.
VERONIQUE Qu'est-ce que tu faisais?
NICOLE J'étais secrétaire bilingue à la Compagnie du Nord.
VERONIQUE Et tu as perdu ta place?
NICOLE Oui, ils ont fermé.
 Je suis restée sans travail pendant presque un an.
 Et toi?
VERONIQUE Oh, moi, j'ai eu de la chance.
 Je suis ici depuis six ans.
 Tu verras, on est bien ici.

2.2 Exercez-vous

Etudiez le tableau ci-dessous, puis faites les exercices en donnant, si possible, des renseignements vous concernant:

présent Je suis	secrétaire interprète employé(e) de banque ouvrier/ère directeur/trice dentiste	DEPUIS + *point de départ* *durée*	
		depuis	mars 1975. le 1er août. six mois.
passé composé ou futur J'ai été Je serai		PENDANT + *durée*	
		pendant	six mois. un an. cinq ans.

1. E1 Depuis combien de temps est-ce que vous êtes [secrétaire]?
   E2 (Depuis) [cinq ans].
2. E1 Depuis quand êtes-vous [secrétaire]?
   E2 Depuis [mars 1975].
3. E1 Pendant combien de temps est-ce que vous avez été [secrétaire]?
   E2 (Pendant) [cinq ans].

2.3 Exercez-vous en situation/Improvisez

Vous venez de faire la connaissance de E2, un(e) Français(e) qui travaille dans votre pays. Vous lui demandez ce qu'il/elle fait. Commencez ainsi que suit:

E1 Qu'est-ce que vous faites ici? Quel est votre métier?
E2 Je suis [serveur], et vous?
E1 Je suis [agent de voyages]. Depuis combien de temps êtes-vous [serveur]?

2.4 Ecoutez et prenez des notes 🎧

Ecoutez un chef du personnel interviewer M. Delteil, candidat à un poste. Tout en écoutant les réponses de M. Delteil, prenez en note les renseignements qu'il fournit sur lui (âge, date de naissance, postes occupés précédemment, pendant combien de temps, où, poste actuel).

124

Lundi	
après-midi : faire le ménage	
soir : passer la soirée chez les Gautier	
Mardi	
matin : interview pour changer de travail	
Mercredi	
matin : amener la voiture au garage	
Jeudi	
soir : dîner au restaurant	
Vendredi	
rester à la maison et travailler	
Samedi	
matin : acheter des vêtements	
après-midi : prendre le thé avec Corine	
Dimanche	
faire des gâteaux	
Notes	

3.1 Regardez et parlez

Voici l'agenda de E1 pour la semaine qui vient. Il est maintenant neuf heures du matin le lundi. Etudiez-le et faites les exercices.

1. **Faites des phrases concernant les plans et les intentions de E1 pour la semaine:**

   E Cet après-midi elle va faire le ménage.
   OU Elle va faire le ménage cet après-midi.
   Ce soir elle va passer la soirée avec des amis.
   OU Elle va passer la soirée avec des amis ce soir.

2. **Un(e) ami(e), E2, demande à E1 quels sont ses projets pour la semaine. Commencez ainsi que suit, et poursuivez en vous reportant à l'agenda de E1 ci-contre:**

   E2 Qu'est-ce que tu vas faire aujourd'hui, [Hélène]?
   E1 Je vais faire le ménage cet après-midi.
   E2 Et qu'est-ce que tu vas faire ce soir?
   E1 Je vais passer la soirée avec des amis.

3.2 Exercez-vous en situation

Deux amis, E1 et E2, se demandent ce qu'ils vont faire, car il fait un temps épouvantable. Exercez-vous au dialogue.

E1 Qu'est-ce que tu vas faire?
E2 Je vais [écrire quelques lettres].
E1 Mais tu viens d'[en écrire].
E2 Oui, je sais, mais je vais [en écrire d'autres].

1. écrire quelques lettres
2. manger des bonbons } en ... d'autres

3. boire un verre de bière
4. lire un livre } en ... un autre

5. faire du café
6. écouter de la musique } en ... encore

3.3 Parlez de vous

a. **Faites la liste de vos projets pour la semaine. Puis, par groupes de deux, posez-vous des questions au sujet de demain, de samedi soir, etc. Demandez où, à quel moment, pourquoi, etc., et donnez des raisons.**

   Par exemple: Pourquoi est-ce que vous allez au restaurant [italien]?
   Parce que la nourriture est bonne OU Parce que j'aime y manger.

b. **Par groupes de deux ou de trois, discutez de vos projets de vacances pour l'année suivante.**

3.4 Retenez l'essentiel 🎧
**Vous allez entendre une conversation enregistrée entre un
inspecteur de police et un suspect. Ecoutez bien l'interrogatoire, et
mettez une croix dans l'une des deux colonnes, selon ce que dit le
suspect.**

Le suspect ......

	oui	non
était chez lui le soir du 27.		
était avec des amis.		
est sorti après dix heures.		
est resté dehors plus d'une heure.		
est allé dans un café.		
a parlé à quelqu'un.		

4 Résumé
4.1 Dans ce dossier vous avez réutilisé une grande partie de ce que vous avez étudié dans les Dossiers 10 et 20 et vous avez aussi appris à

1. poser des questions sur des événements passés, à les relater ou à les décrire:

Qu'est-ce que tu as fait aujourd'hui?
J'ai [tapé des lettres].

2. poser des questions sur des événements qui viennent d'avoir lieu et à les relater ou à dire qu'ils n'ont pas encore eu lieu:

Est-ce que tu as [écrit tes lettres]?
Oui, je viens de [les écrire].
ou Non, je ne les ai pas encore écrites.

3. demander et dire pendant combien de temps vous avez fait quelque chose (action totalement passée), ou vous ferez quelque chose:

Pendant combien de temps est-ce que vous [avez été professeur]?
Pendant [cinq ans]. (Il/elle ne l'est plus.)
(Pendant) combien de temps est-ce que vous [resterez en Espagne]?
(Pendant) [deux semaines].

4. demander et dire depuis combien de temps vous faites quelque chose (action encore en cours):

Depuis combien de temps est-ce que vous [habitez Paris]?
Depuis [1975] ou Depuis [sept ans].

5. poser des questions sur des projets et les décrire:

Qu'est-ce que vous allez faire/ferez [vendredi]?
Je vais rester/Je resterai chez moi.

4.2 Et vous avez utilisé

1. 'venir de' + infinitif pour exprimer un passé récent:

Il vient de [boire le café].

2. 'combien de temps' précédé de 'pendant' et 'depuis' ('pendant...' avec passé composé ou futur et 'depuis...' avec verbe au présent):

Pendant combien de temps est-ce que vous [avez habité à Paris]?
(Pendant) [cinq ans].
Depuis combien de temps est-ce que vous [habitez à Paris]?
(Depuis) [cinq ans].

3. 'en ... encore' pour les choses qui ne se comptent pas. 'en ... un(e) autre' pour les choses qui peuvent se compter.

Tu veux (encore) [du lait]? — Oui, j'en veux encore.
Tu veux d'autres (ou encore des) [gâteaux?]
Oui, j'en veux un autre.

Reine et Compagnie

Reine et Compagnie (1)

REINE	M. Félix Rand?
FELIX	Oui, c'est moi.
REINE	Je m'appelle Reine.
FELIX	Enchanté, Madame.
REINE	Allons chez moi.
	Nos amis vous attendent.
	. . .
INSPECTEUR ANGLAIS	Allo, Interpol Paris?
INSPECTEUR FRANÇAIS	Oui. Qui êtes-vous?
INSPECTEUR ANGLAIS	Ici Interpol, Londres. Mauvaise nouvelle pour vous. Félix Rand est à Paris.
INSPECTEUR FRANÇAIS	Félix Rand, le perceur de coffres-forts?
INSPECTEUR ANGLAIS	Oui. Il vit à Londres. Il a 35 ans, 1 mètre 75, les yeux bleus et les cheveux blonds . . .
INSPECTEUR FRANÇAIS	D'accord. Nous avons une fiche sur lui ici. Merci.

Reine et Compagnie (2)

REINE – Regardez ce plan, mes amis. Vous voyez la Banque Internationale est là, dans la rue de la Charité.

Il y a un parking sous la rue, et au bout du parking, on peut descendre dans un tunnel d'égoût. Vous suivez le tunnel et vous arrivez à une rivière souterraine. Cette rivière va jusqu'à la Seine.

...

Voilà mon plan. On creuse un tunnel jusqu'à la banque – ici. On prendra l'électricité dans le parking. On mettra la terre dans des sacs. On pourra mettre les sacs ici. Et puis on fera un trou dans le mur de la banque, ici, et on entrera dans la salle des coffres. Félix les ouvrira. On mettra l'argent dans les sacs et les sacs dans un bateau en caoutchouc – ici. Et nous descendrons la rivière avec l'argent.

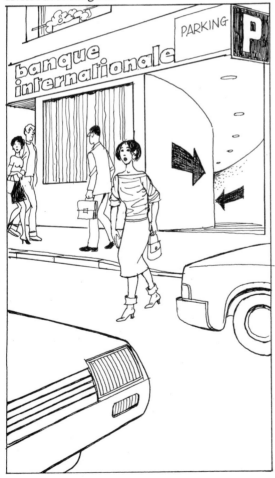

Reine et Compagnie (3)

— Regardez bien. Voilà la salle des coffres. Il y en a neuf. Vous en voyez quatre sur ce dessin. Le plus gros coffre est devant notre tunnel. Nous le mettrons sur la droite et nous pourrons entrer.
Vous avez des questions?
— Quelle sera la longueur du tunnel?
— Environ 25 mètres.
— Combien de mètres est-ce qu' on creusera en un jour?
— Entre deux et trois mètres.
— Nous allons rester douze jours dans ce tunnel?
— Oui, onze jours pour le creuser et un jour pour ouvrir les coffres – un dimanche. Vous dormirez et vous mangerez sous terre.
— D'accord, mais comment?
— Venez voir.
...
— Oh! Vous avez pensé à tout!
— Il y a même une cuisinière électrique!
— Avec ça, on peut creuser un tunnel sous la Manche!
— Tu vois, Maurice, tu pourras faire de la bonne cuisine pour ces messieurs.

128

Reine et Compagnie (4)

MAURICE	Mais non, Gaston, tu ne peux pas tourner à gauche! Va tout droit.
GASTON	Il faut tourner à gauche. La Banque Internationale est dans cette rue, la rue de la Charité.
MAURICE	C'est interdit! Et tu ne peux pas tourner à droite non plus. Il y a un panneau. Gaston, tu conduis très bien, mais la loi, tu ne connais pas! On ne peut pas tourner, je te dis.
GASTON	On ne peut pas voler les banques non plus.
MAURICE	Mes excuses, Gaston. La loi, tu connais.
GASTON	Bon! Je me suis perdu. Pardon Monsieur l'Agent, comment est-ce que je peux aller à la Banque Internationale, rue de la Charité?
L'AGENT	Vous dites la Banque Internationale?
MAURICE	C'est ça. On veut la voler.
L'AGENT	Vous voulez la voler? Ah, ah, ah, que c'est drôle! Allez tout droit, tournez à gauche aux feux et prenez la troisième à droite. C'est la rue de la Charité.
MAURICE	Merci bien. C'est très gentil.
	. . .
MAURICE	Ah, voilà la banque et voilà l'entrée du parking.
GASTON	Regarde, Maurice. Le parking est complet. Qu'est-ce qu'on fait?
MAURICE	Tant pis. Entrons.

Reine et Compagnie (5)

BORIS	Ce n'est pas très confortable ici.
EDMOND	Evidemment. C'est un tunnel d'égoût, pas le Grand Hôtel.
GASTON	Reine est à la maison maintenant. Je voudrais bien être avec elle.
MAURICE	Tiens! On va lui téléphoner. Allo, c'est vous, patron?
REINE	Oui, c'est moi. Où êtes-vous?
MAURICE	Nous sommes tous dans l'égoût.
REINE	Vous n'avez besoin de rien?
MAURICE	Non ça va. Nous n'avons pas froid. Mais nous avons soif et nous avons faim.
REINE	Eh bien, fais-leur un bon bifteck saignant avec des frites et de la salade.
MAURICE	D'accord, patron. Mais je crois qu'ils le préfèrent à point. A bientôt.
	. . .
FÉLIX	Nous avons bien mangé. Au travail maintenant!
MAURICE	Tu ne prends pas de café?
FÉLIX	Si, mais il faut porter tout ça de l'autre côté de la rivière. Préparez le bateau en caoutchouc.
MAURICE	La cuisinière d'abord, et toutes les provisions!
FÉLIX	D'accord, Maurice. Mais faisons vite.
GASTON	Edmond, Boris, passez-moi le matériel. Ne laissez pas ces sacs derrière. Et la télévision, n'oubliez pas la télévision. Il y a un match de football ce soir . . .

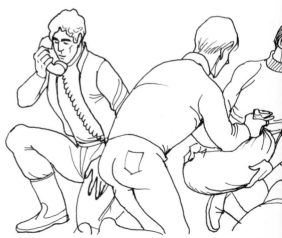

Reine et Compagnie   (6)

MAURICE	Allo, patron.
REINE	Allo Maurice. Tout va bien?
MAURICE	Oui tout va bien. Nous avons passé notre première nuit sous terre. C'était très bien hier soir. Nous avions l'électricité. Nous avons regardé la télévision. Un match excellent. Nous avons bu un peu. Nous avons passé une très bonne soirée. Nous voulions vous écrire mais nous avons oublié d'acheter des timbres . . .

. . .

REINE	Il est 8 heures. Vous déjeunez?
MAURICE	Oui. C'est prêt.
REINE	N'oubliez pas. Vous commencez le travail à 9 heures. De 9 heures à 12 heures et de 13 heures à 17 heures. Aujourd'hui, c'est mardi, le 19 juillet. Vous serez dans la banque le dimanche 31, à 9h27 du soir. Et vous travaillerez toute la nuit le dernier jour. C'est d'accord? Au revoir.
MAURICE	Elle est vraiment forte, cette femme. Comment est-ce qu'elle sait tout ça!
GASTON	C'est une femme de tête, tu sais.

Reine et Compagnie   (7)

FÉLIX	Et maintenant les choses sérieuses commencent.
BORIS	D'accord, on y va. On creuse, on met la terre dans les sacs et les sacs près de la rivière. C'est pas des vacances!
EDMOND	Oui, mais pense au 31 juillet, pense à notre jour de chance.
FÉLIX	Un peu de silence, les gars! Et au boulot.

. . .

FÉLIX	Cinq heures, on s'arrête. Voilà un autre jour terminé.
MAURICE	C'est la fin de notre cinquième jour. C'est dimanche, dimanche 24 juillet.

BORIS	Quel métier! J'en ai assez! Et moi qui étais secrétaire en Russie!
EDMOND	Dans une semaine ce sera fini . . . Moi, j'étais dans un bureau de tourisme. C'était plus tranquille!
FÉLIX	Assez, les gars! Mettez de la musique. Tiens du Beethoven, la Cinquième Symphonie. Ecoutez, et pensez à tous les gros billets qui nous attendent. Qu'est-ce que tu feras, toi, Edmond!
EDMOND	Moi, je voyagerai. Tu parles! J'ai une réduction sur tous les voyages . . .

Reine et Compagnie (8)

MAURICE	Buvons un peu. Reine m'a donné une bonne bouteille. Buvons à la santé du patron.
	(*Le téléphone sonne.*)
	Oui, patron. Les gars vont bien. Comment va le tunnel? Pas mal. Pas mal. Il a deux mètres de large, deux mètres de haut et huit mètres de long. Soyez patiente. On ne va pas très vite mais c'est du travail bien fait!
	Quel temps fait-il dehors, patron?
REINE	Il ne fait pas beau. Il pleut. C'est rare en juillet, mais il pleut beaucoup.
MAURICE	C'est vrai. La rivière est un peu plus haute aujourd'hui.
LA RADIO	Le temps sera humide aujourd'hui. La température est de 18°. Il pleuvra dans l'après-midi et dans la soirée.
BORIS	Oh, arrête cette radio, Gaston. Ça me donne froid. Je ne me sens pas bien.
MAURICE	C'est notre dixième jour et nous sommes arrivés jusqu'au mur de la banque.

Reine et Compagnie (9)

MAURICE	Il faut appeler le patron. Allo, patron. Ici, Maurice.
REINE	Alors Maurice, vous êtes devant le mur de la banque?
MAURICE	Comment est-ce que vous le savez, patron?
GASTON	Une femme de tête, je te dis!
REINE	C'est facile. Vous m'appelez à quatre heures, avant la fin du travail. Il faut percer ce mur. Il a 3 mètres et 27,5 centimètres de large.
MAURICE	Oui, patron.
REINE	Il y a un gros coffre-fort de l'autre côté du mur. N'oubliez pas!
	. . .
MAURICE	Comment est-ce que vous voulez votre steak?
FÉLIX	Bleu, s'il vous plaît, Maurice.

MAURICE	J'ai un Château Latour '59 et un Château Margaux '63. Lequel est-ce que vous préférez!
FÉLIX	Nous prendrons le Château Latour '59 ce soir, Maurice.
MAURICE	Très bien, Monsieur.
FÉLIX	Evidemment tu donnes de la bière à Gaston. C'est ce qu'il aime.

. . .

MAURICE	J'aime toujours un grand vin rouge.
FÉLIX	Celui-là est exceptionnel. Vous pensez, un '59!
MAURICE	Un peu de lait dans votre café, Monsieur?
FÉLIX	Non, je le prendrai noir, sans sucre.
BORIS	Qu'est-ce qu'il y a à la télé ce soir?
EDMOND	*Les Misérables* de Victor Hugo. La première partie.
GASTON	Moi, je vais me coucher. J'ai mal à la tête. Je crois que j'ai un rhume. C'est cette pluie . . .

Reine et Compagnie   (10)

FÉLIX	Ça y est! C'est percé. Quelle heure est-il, Maurice?
MAURICE	Il est 9h27 et on est dimanche, le 31 juillet. On doit travailler toute la nuit.

. . .

REINE	(*au téléphone*) Il est 9h27 et vous êtes de l'autre côté du mur. C'est du bon travail, Messieurs.
MAURICE	Merci, patron, mais on ne peut pas entrer, il y a un coffre qui ferme le tunnel.
FÉLIX	On va le pousser sur la droite.

. . .

BORIS	Félix est vraiment le meilleur! Regarde ce coffre.
FÉLIX	Allons-y, les gars. Entrons.
GASTON	Après toi, Boris.
BORIS	Mais non, après toi, Gaston.
FÉLIX	Et bien, nous y sommes! Regardez tous ces coffres. Apportez le champagne, Maurice.
MAURICE	Du champagne pour tout le monde.
TOUS	A Reine! A Félix!

. . .

GASTON	Et maintenant, au boulot. Allons-y les enfants.
BORIS	Tu as de l'argent sur ton compte, Gaston?
GASTON	Pas beaucoup, Boris. Il m'en faut un peu plus.
BORIS	Très drôle. Ah, ah!
LA RADIO	Le temps aujourd'hui. Il a beaucoup plu sur Paris aujourd'hui. Il est tombé environ 5 centimètres d'eau. La rivière . . .
MAURICE	Arrête ça, Gaston.

Reine et Compagnie (11)

REINE	(*au téléphone*) Qu'est-ce que vous faites! Où en êtes-vous, Maurice!
MAURICE	Tout va bien, patron. Félix ouvre le deuxième coffre. Le premier est déjà ouvert et il est plein de billets, de beaux billets tout neufs. Boris et Gaston mettent l'argent dans des sacs et ils vont les porter jusqu'au bateau. Tiens, Gaston met la radio. Ecoutez votre chanson favorite.
LA RADIO	Argent, argent, Plus de problèmes, Argent, argent, Toi que l'on aime, Avec toi y'a toujours du soleil . . .
MAURICE	Nous préparons le dîner. C'est un grand jour aujourd'hui, et c'est l'anniversaire de Gaston. Combien est-ce qu'il y aura de bougies sur le gâteau, Gaston?
GASTON	Vingt-deux.
MAURICE	Vingt-deux. Gaston dit qu'il a vingt-deux ans aujourd'hui. Le patron te souhaite un bon anniversaire, Gaston. Gaston vous remercie, patron. Il y a beaucoup d'assiettes en or dans le gros coffre. Ce soir nous allons manger dans des assiettes en or! Qu'est-ce que vous dites, patron? La rivière a encore monté? Elle est très haute? Oui, on le sait. On la voit. Mais tout va bien. Bon, je vous quitte maintenant. Je dois faire la cuisine, et mettre les sacs dans le bateau. Au revoir, patron.
REINE	Au revoir Maurice.

Reine et Compagnie (12)

BORIS	Qu'est-ce que tu vas faire avec tout cet argent, Gaston?
MAURICE	Il va demander à Reine de se marier avec lui. Il sera riche.
GASTON	Oui, mais elle aussi sera riche.
MAURICE	Allons-y! Remplissons les sacs.
	. . .
EDMOND	J'ai mis deux autres sacs dans le bateau. Il est plein. Nous avons des millions de francs. Il faut partir maintenant.
MAURICE	On ne peut pas partir encore. Félix ouvre le cinquième coffre et c'est l'anniversaire de Gaston. Il y a un magnifique gâteau avec vingt-deux bougies.
BORIS	Pense au patron qui nous attend chez elle, et qui attend tout cet argent et toutes ces assiettes d'or!
	. . .

Mais Reine n'était pas chez elle. Elle conduisait sa magnifique voiture sport. Elle venait à la banque.
Elle gare sa voiture dans le parking sous la banque, et elle descend dans l'égoût.
Elle trouve le bateau en caoutchouc plein de sacs. La rivière était très haute mais elle arrivait juste à temps.

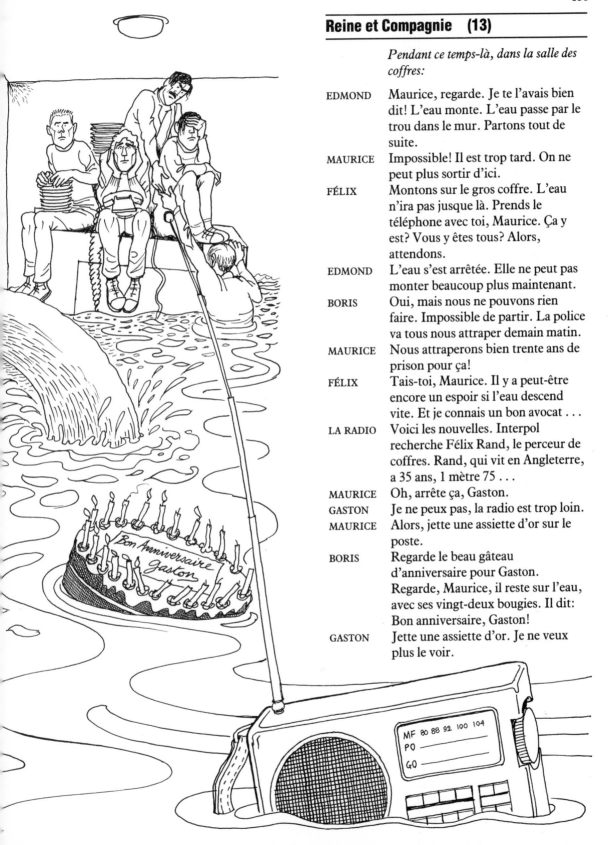

Reine et Compagnie   (13)

Pendant ce temps-là, dans la salle des coffres:

EDMOND — Maurice, regarde. Je te l'avais bien dit! L'eau monte. L'eau passe par le trou dans le mur. Partons tout de suite.

MAURICE — Impossible! Il est trop tard. On ne peut plus sortir d'ici.

FÉLIX — Montons sur le gros coffre. L'eau n'ira pas jusque là. Prends le téléphone avec toi, Maurice. Ça y est? Vous y êtes tous? Alors, attendons.

EDMOND — L'eau s'est arrêtée. Elle ne peut pas monter beaucoup plus maintenant.

BORIS — Oui, mais nous ne pouvons rien faire. Impossible de partir. La police va tous nous attraper demain matin.

MAURICE — Nous attraperons bien trente ans de prison pour ça!

FÉLIX — Tais-toi, Maurice. Il y a peut-être encore un espoir si l'eau descend vite. Et je connais un bon avocat . . .

LA RADIO — Voici les nouvelles. Interpol recherche Félix Rand, le perceur de coffres. Rand, qui vit en Angleterre, a 35 ans, 1 mètre 75 . . .

MAURICE — Oh, arrête ça, Gaston.

GASTON — Je ne peux pas, la radio est trop loin.

MAURICE — Alors, jette une assiette d'or sur le poste.

BORIS — Regarde le beau gâteau d'anniversaire pour Gaston. Regarde, Maurice, il reste sur l'eau, avec ses vingt-deux bougies. Il dit: Bon anniversaire, Gaston!

GASTON — Jette une assiette d'or. Je ne veux plus le voir.

Reine et Compagnie (14)

MAURICE
Le téléphone sonne!
C'est le patron. Bonjour, patron.
Non, ça ne va pas. L'eau a monté.
On ne peut pas sortir. Nous sommes
tous sur le gros coffre. La police
nous attrapera demain matin. Quoi!
Vous êtes désolée! Vous ne pouvez
rien y faire! Comment! Vous êtes
dans le bateau et vous avez tout
l'argent?

REINE
Oui, je vous dis 'Adieu', les enfants.
Amusez-vous bien en prison. Je ne
pourrai pas aller vous voir. Je serai
trop loin. J'espère que je ne vous
reverrai jamais.

MAURICE
Non ce n'est pas vrai. Vous ne
pouvez pas nous laisser. Reine, ce
n'est pas possible! Vous ne nous
porterez pas des oranges en prison!
Vous ne nous trouverez pas un
avocat! Quoi? Vous allez nous
oublier! Vous avez déjà pris vos
billets d'avion! Vous partez pour
l'Amérique du Sud! Vous aimez la
plage et le soleil! Nous sommes des
gens inutiles et dangereux! Vous
entendez, les gars!

FÉLIX
C'est une femme de tête, Maurice.
Gaston le sait bien.

GASTON
C'est vrai, Félix. C'est une femme de
tête. Elle ne voulait pas se marier
avec moi . . .

Reine et Compagnie (15)

LA RADIO
Et pour terminer, une nouvelle assez
étonnante. La police vient d'arrêter
un bateau en caoutchouc qui
descendait la Seine. Il y avait une
très belle femme sur le bateau. Et six
gros sacs. Cette femme et ces gros
sacs sur un petit bateau sur la Seine,
c'était vraiment bizarre. Plusieurs
personnes ont téléphoné à la police.
Et bien, savez-vous ce qu'il y avait
dans ces sacs? Ils étaient pleins de
billets de cent et de cinq cents francs,
des millions de francs, dans un petit
bateau, sur la Seine, conduit par une
très belle femme . . .
Cette femme dit que son nom est
Reine, mais elle n'a pas encore dit
d'où venait l'argent . . .
Nous le saurons bientôt. Aussi
écoutez notre prochain bulletin
d'information, à huit heures. Nous
commencerons par le mystère de la
belle inconnue!

Glossaire

A

à /a/
— (lieu) **5** 1.1
— (temps) **6** 2.2
— (appartenance) **27** 1.1
une brosse ~ dents **7** 2.3
difficile ~ dire **7** 3.1
l'homme au costume gris **12** 1.1
un livre ~ la main **12** 1.1
quelque chose ~ boire **14** 2.4
~ l'heure **16** 3.1
~ 200 kilomètres **24** 1.1
~ pied **24** 2.2
abord (d'~) /dabɔr/ **19** 2.1
abricot /abriko/ m. **19** 3.1
achat /aʃa/ **17** 1.1
acheter /aʃte/ **9** 2.1
accord (d'~) /dakɔr/ **3** 1.2
addition /adisjɔ̃/ f. **13** 2.2
adresse /adrɛs/ f. **1** 1.1
aérogare /aerɔgar/ f. **6** 3.1
aéroport /aerɔpɔr/ m. **5** 1.2
affaires (les ~) /afɛr/ **21** 2.2
âge /aʒ/ m. **1** 1.1
agence /aʒɑ̃s/ f. **21** 2.1
ah /a/ **1** 1.2
aider /ɛde/ **3** 2.2
aimer /ɛme/ **8** 1.1
air /ɛr/
avoir l'~ (fatigué) **19** 1.3
Allemagne /almaɲ/ f. **21** 1.2
allemand(e) /almɑ̃(d)/ m./f. **9** 1.3
l'~ **21** 2.1
aller /ale/ **4** 1.1
allé(e) /ale/ p.p. **5** 3.1
Ça va bien. Je vais bien **2** 1.1
Vous allez bien? **2** 1.1
~ + infinitif **10** 1.1
Allons-y **13** 3.2
aller-retour /alɛrtur/ m.
On fera l'~ **24** 1.1
Allo /alo/ **1** 3.2
allumer /alyme/ **23** 3.3
allumette /alymɛt/ f. **9** 2.2
américain(e) /amerikɛ̃(ɛn)/ m./f.
8 2.1
Amérique /amerik/ f. **26** 3.1
ami(e) /ami/ m./f. **2** 2.1

amitié /amitje/ f.
(Mes) amitiés **18** 3.1
amuser /amyze/ **28** 1.3
s'~ **20** 3.1
an /ɑ̃/ m. **1** 1.1
anglais(e) /ɑ̃glɛ(z)/ m./f. **9** 1.3
l'~ **21** 2.1
Angleterre /ɑ̃glətɛr/ f. **21** 1.2
année /ane/ f. **16** 2.2
anniversaire /anivɛrsɛr/ m. **26** 1.1
août /u(t)/ **18** 3.1
apéritif /apɛritif/ **13** 3.2
appareil /aparɛj/ m. **1** 3.3
— avion **13** 1.1
— photo **23** 3.1
apparition /aparisjɔ̃/ f. **27** 3.3
appartement /apartəmɑ̃/ m. **20** 2.1
appeler /aple/ **11** 1.1
Je m'appelle /ʒmapɛl/ **1** 1.2
Comment ça s'appelle? **7** 1.3
apporter /apɔrte/ **13** 2.2
apprendre /aprɑ̃dr/ **23** 2.1
appris /apri/ p.p. **23** 2.2
appuyer /apɥije/ **23** 3.3
après /aprɛ/ **14** 3.2
après-demain /aprɛdmɛ̃/ **10** 3.1
après-midi /aprɛmidi/ m. **6** 2.3
arbre /arbr/ m. **7** 1.1
armé /arme/ **20** 2.1
armoire /armwar/ f. **19** 1.1
arrêt /arɛ/ m. **4** 1.3
arrière /arjɛr/ m. **13** 1.1
à l'~ **13** 1.1
arrivée /arive/ f. **1** 2.3
arriver /arive/ **6** 3.1, **15** 3.1
article /artikl/ m. **14** 2.1
~ de sport **14** 2.1
ascenseur /asɑ̃sœr/ m. **14** 1.1
asseoir (s'~) /saswar/
Asseyez-vous **3** 1.2
assez /ase/ **17** 1.3
assiette /asjɛt/ f. **25** 3.1
attendre /atɑ̃dr/ **3** 1.2
au /o/ = à + le **3** 2.2
aujourd'hui /oʒurdɥi/ **5** 2.1
aussi /osi/ **2** 1.2
autobus /ɔtɔbys/ m. **4** 1.3
automne /otɔn/ m. **26** 2.2

autoroute /ɔtɔrut/ m. ou f. **24** 3.1
autorisé /ɔtɔrize/ **3** 3.1
autre /otr/ **6** 2.2
Autriche /otriʃ/ **26** 3.3
avance (en ~) /ɑ̃navɑ̃s/ **16** 3.1
avant /avɑ̃/ m. **13** 1.1, **16** 2.1
à l'~ **13** 1.1
avec /avɛk/ **3** 1.1
avenue /avny/ f. **14** 3.2
avion /avjɔ̃/ m. **6** 3.1
avoir /avwar/ **3** 1.1
— (auxiliaire du passé composé)
20 2.1
Il y a … **4** 3.2
Elle a 300 mètres de haut **7** 3.3
Il a 1,60 m **12** 3.1
Il a 26 ans **12** 3.1
~ raison **24** 1.1

B

banane /banan/ f. **19** 2.2
banque /bɑ̃k/ f. **4** 1.2
bar /bar/ m. **15** 2.1
bas (en~) /ɑ̃ba/ **14** 2.1
bateau /bato/ m. **16** 1.3
bâtiment /batimɑ̃/ m. **7** 3.1
beau, bel /bo, bɛl/ m., **8** 2.1
belle /bɛl/ f. **8** 2.1
Il fait ~ **20** 3.1
beaucoup /boku/ **4** 1.1
belge /bɛlʒ/ m./f. **9** 1.2
Belgique /bɛlʒik/ f. **21** 1.2
besoin /bəzwɛ̃/ m.
avoir ~ de **19** 1.1
beurre /bœr/ m. **29** 3.1
bicyclette /bisiklɛt/ f. **23** 2.1
monter à ~ **23** 2.1
bien /bjɛ̃/ **1** 2.1, **2** 1.1
bientôt (à~) /abjɛ̃to/ **16** 2.1
bière /bjɛr/ f. **7** 1.2
bifteck /biftɛk/ m. **9** 1.2
bilingue /bilɛ̃g/ **30** 2.1
billet /bije/ m. **9** 3.4
~ (de banque) **17** 1.2
blanc(he) /blɑ̃(ʃ)/ m./f. **7** 3.2
bleu(e) /blø/ m./f. **7** 3.2
blond(e) /blɔ̃(d)/ m./f. **12** 3.1
boire /bwar/ **10** 1.2

boisson /bwasɔ̃/ f. **22** 2.2

boîte /bwat/ f. **13** 3.4

bon /bɔ̃/ m., bonne /bɔn/ f. **8** 3.1
    Bon! **2** 3.2

Bonjour /bɔ̃ʒur/ **1** 1.2

bon marché /bɔ̃ marʃe/ invariable
    17 1.3

bord /bɔr/ **18** 3.1
    au ~ de la mer **18** 3.1

bouilli(e) /buji/ m./f. **19** 2.3

boulevard /bulvar/ m.
    ~ périphérique **24** 3.1

bout /bu/ m.
    au ~ de **4** 3.1

bouteille /butɛj/ f. **7** 1.1

bouton /butɔ̃/ m. **18** 2.2

bracelet /braslɛ/ m. **17** 1.1
    une montre ~ **17** 1.1

briller /brije/ **27** 3.1

briquet /brikɛ/ m. **9** 2.2

brosse /brɔs/ f. **7** 2.3

brouillard /brujar/ m. **27** 3.1

bruit /brɥi/ m. **15** 1.1
    faire du ~ **18** 1.1

brun(e) /brɛ̃(yn)/ m./f. **12** 3.1

bruyant(e) /brɥijɑ̃(t)/ m./f. **18** 3.1

bulletin météorologique
    /byltɛ̃ meteɔrɔlɔʒik/ m. **27** 3.3

bureau /byro/ m. **1** 3.1, **19** 1.1

bus /bys/ m. **16** 1.2

C

Ça /sa/
    ~ va bien **26** 2.1
    ~ tombe bien **26** 2.1
    C'est~ /sɛsa/ **1** 1.4

cabine téléphonique /kabin
    telefɔnik/ f. **4** 1.3

cadeau /kado/ m. **7** 1.1

café /kafe/ m. **8** 1.3
    ~ au lait **8** 3.2

cafetière /kaftjɛr/ f. **25** 3.1

calme /kalm/ m./f. **27** 2.2

campagne /kɑ̃paɲ/ f. **7** 2.2

Canada /kanada/ m. **21** 1.2

canadien(ne) /kanadjɛ̃(ɛn)/ m./f.
    21 1.2

carotte /karɔt/ f. **17** 3.1

carte /kart/ f. **23** 1.2, **25** 1.2, **26** 1.1

cathédrale /katedral/ f. **7** 3.3

ce /sə/, cet /sɛt/ m. **2** 2.1

cette /sɛt/ f. **2** 2.2

ces /se/ pl. **8** 1.2

ce que /s(ə)kə/, ce qui /s(ə)ki /**27** 2.1
    C'est ~ 'il me faut **27** 2.1

ceinture /sɛ̃tyr/ f. **18** 2.2

celui-là /səlɥila/ m. **8** 1.2
    celle-là /sɛlla/ f. **8** 1.1
    ceux-là /søla/ m. pl., celles-là
    /sɛlla/ f.pl. **14** 2.1

centimètre /sɑ̃timɛtr/ m. **17** 2.1

central(e) /sɑ̃tral/ m./f. **4** 3.1

centre /sɑ̃tr/ m. **8** 2.3

certain(e) /sɛrtɛ̃(ɛn)/ m./f. **24** 1.1

certainement /sɛrtɛnmɑ̃/ **3** 1.1

chaise /ʃɛz/ f. **13** 1.3

chambre /ʃɑ̃br/ f. **3** 1.3

chance /ʃɑ̃s/ f.
    C'est une ~ **16** 3.2

changer /ʃɑ̃ʒe/ **13** 1.1

chanter /ʃɑ̃te/ **28** 2.2

chat /ʃa/ m., chatte /ʃat/ f. **18** 1.2

chaud(e) /ʃo(d)/ m./f. **8** 1.3
    avoir ~ **19** 1.3
    faire ~ **27** 3.1

chaussures /ʃosyr/ f. pl. **8** 2.3

chemin /ʃ(ə)mɛ̃/ m. **14** 3.1
    indiquer le ~ **14** 3.1

chemise /ʃ(ə)miz/ f. **17** 2.4

chemisier /ʃ(ə)mizje/ m. **17** 2.1

cher, chère /ʃɛr/ m./f. **8** 1.1

chercher /ʃɛrʃe/ **9** 3.3

cheveux /ʃ(ə)vø/ m. pl. **12** 2.1

chez /ʃɛ/ **5** 2.1

chien /ʃjɛ̃/ m., chienne /ʃjɛn/ f.
    18 1.2

chocolat /ʃɔkɔla/ m. **13** 3.4

chose /ʃoz/ f. **20** 1.1

chou /ʃu/ m. **17** 3.2

cigarette /sigarɛt/ f. **7** 1.2

cinéma (sinema) m. **5** 1.2

cinquième /sɛ̃kjɛm/ m./f. **4** 2.1

citron /sitrɔ̃/ m. **17** 3.1

classe /klas/ f. **1** 1.1
    première, deuxième ~ **9** 3.4

classique /klasik/ m./f. **8** 1.3

coiffeur /kwafœr/ m., coiffeuse
    /kwaføz/ f. **22** 1.2

coin /kwɛ̃/ m.
    au ~ de **4** 3.1
    ~ repas **25** 2.2

combien /kɔ̃bjɛ̃/ **17** 1.1

A ~ de kilomètres **24** 1.2
    ~ de temps **26** 2.1

Comme /kɔm/ **15** 3.1
    ~ vous voulez **3** 2.1
    ~ d'habitude **25** 1.1
    ~ ça **25** 2.1

commencer /kɔmɑ̃se/ **10** 1.1

comment /kɔmɑ̃/ **16** 1.1
    ~ allez-vous? **2** 1.1
    ~ est-il? **12** 3.1

compagnie /kɔ̃paɲi/ f. **11** 2.1

comparer /kɔ̃pare/ **28** 1.3

complet, complète /kɔ̃plɛ(t)/ m./f.
    27 2.1

comprendre /kɔ̃prɑ̃dr/ **21** 3.3
    compris /kɔ̃pri/ p.p. **21** 3.3

concert /kɔ̃sɛr/ m. **28** 1.3

concierge /kɔ̃sjɛrʒ/ **14** 1.1

conducteur /kɔ̃dyktœr/ m.,
    conductrice /kɔ̃dyktris/ f. **28** 2.2

conduire /kɔ̃dɥir/ **23** 2.1

confiture /kɔ̃fityr/ f. **19** 3.1

confortable /kɔ̃fɔrtabl/ **18** 1.1

connaître /kɔnɛtr/ **2** 1.3

conserves /kɔ̃sɛrv/ f. pl. **19** 3.1

consommer /kɔ̃sɔme/
    ~ de l'essence **18** 1.1

content(e) /kɔ̃tɑ̃(t)/ m./f. **30** 1.1

continental(e) /kɔ̃tinɑ̃tal/ m./f. **5** 3.2

continuer /kɔ̃tinɥe/ **24** 3.1

corbeille à papier /kɔrbɛj a papje/ f.

costume /kɔstym/ m. **17** 1.3

côté /kote/ m.
    à ~ de **4** 3.1
    de ce ~ **23** 3.3

coton /kotɔ̃/ m. **17** 2.2

couchette /kuʃɛt/ f. **9** 3.4

couleur /kulœr/ f. **7** 3.2

couloir /kulwar/ m. **14** 1.1

courses /kurs/ f. pl.
    faire des ~ **15** 3.1

court(e) /kur(t)/ m./f. **18** 2.2

couteau /kuto/ m. **9** 1.2

coûter /kute/ **17** 1.1

cravate /kravat/ f. **12** 1.1

crayon /krɛjɔ̃/ m. **9** 2.2

croire /krwar/ **2** 2.2

cuillère /kɥijɛr/ f. **25** 3.1

cuir /kɥir/ m. **17** 2.2

cuisine /kɥizin/ f. **5** 2.2, **18** 1.3
    faire la ~ **23** 2.1

cuisinier /kɥizinje/ m., cuisinière
/kɥizinjɛr/ f. 28 2.2
cuisinière /kɥizinjɛr/ f. 25 3.1
cuit /kɥi/ 29 1.1
bien ~ /bjɛ̃ kɥi/ 19 2.3

D

dame /dam/ f. 3 3.1
danois(e) /danwa(z)/ m./f. 19 3.1
dans /dɑ̃/ 4 2.1
~ deux jours 10 3.1
date /dat/ f. 26 1.1
danser /dɑ̃se/ 28 2.2
danseur(-euse) /dɑ̃sœr/øz/ m./f.
28 2.2
de /də/ 1 1.1, 6 2.2
nom ~ famille /nɔ̃dfamij/ 1 1.1
Défense ~ fumer 3 3.1
à côté ~ 4 3.1
300 mètres ~ haut 7 3.3
J'ai envie ~ rester 14 3.1
décembre /desɑ̃br/ m. 26 3.1
dedans /dədɑ̃/ 15 2.1
défense /defɑ̃s/
~ de fumer 3 3.1
degré /dəgre/ 27 3.2
~ centigrade /dəgre sɛ̃tigrad/
27 3.2
dehors /dəor/ 15 2.1
déjà /deʒa/ 21 2.1
déjeuner /deʒøne/ 15 1.2
demain /d(ə)mɛ̃/ 10 3.1
demander /d(ə)mɑ̃de/ 15 1.1
demi(e) /d(ə)mi/ m./f.
Il est dix heures et ~ 6 1.1
dent /dɑ̃/ f. 7 2.3
dentifrice /dɑ̃tifris/ m. 7 2.3
dentiste /dɑ̃tist/ m./f. 5 2.2
départ /depar/ m. 1 2.3
dépenser /depɑ̃se/ 29 3.3
depuis /dəpɥi/ 18 1.1, 30 2.1
dernier /dɛrnje/ 15 1.2
lundi ~ 15 1.2
derrière /dɛrjɛr/ 25 2.1
descendre /desɑ̃dr/ 14 3.1
descendu /desɑ̃dy/ p.p. 15 2.1
désirer /dezire/
Vous désirez? 3 1.1
désolé(e) /dezɔle/ m./f. 3 1.2
dessert /desɛr/ m. 28 3.2
deuxième /døzjɛm/ m./f. 4 2.1

devant /dəvɑ̃/ 25 3.1
devoir /dəvwar/ 23 3.1, 27 2.1
Il doit être cher 27 2.1
différent(e) /diferɑ̃(t)/ m./f. 20 1.1
difficile /difisil/ m./f. 7 3.1
dimanche /dimɑ̃ʃ/ m. 6 2.1
dîner /dine/ 13 3.1
dire /dir/ 6 1.2
Dis! /di/ 9 2.1
Ça ne me dit rien 23 1.2
direct(e) /dirɛkt/ m./f. 25 2.1
directeur /dirɛktœr/ m. 5 3.2
direction /dirɛksjɔ̃/ f. 24 3.1
disparaître /disparɛtr/ 27 3.3
disque /disk/ m. 14 2.1
distance /distɑ̃s/ f. 24 1.2
docteur /dɔktœr/ m. 5 1.1
dommage /dɔmaʒ/ m.
Quel~! 8 1.1
donc /dɔ̃/ 22 2.2
donner /dɔne/ 3 1.2
~ sur 18 3.1
dormir /dɔrmir/ 19 1.1
douche /duʃ/ f. 18 3.2
droit /drwa/
tout ~ 4 1.1
droite /drwat/
à ~ 4 1.1
du /dy/, de la, de l' 7 1.2
durer /dyre/ 26 2.2

E

eau /o/ f. 8 3.2
échecs /eʃɛk/ m. pl. 23 1.2
école /ekɔl/ f. 5 1.2
économique /ekɔnɔmik/ m./f.
18 1.1
écouter /ekute/ 5 2.4
écrire /ekrir/ 10 1.1
Comment ça s'écrit? 2 3.1
église /egliz/ f. 7 2.1
elle /ɛl/, elles /ɛl/ 4 2.2, 5 1.2, 5 3.1
employé(e) /ɑ̃plwaje/ m./f. 21 2.2
employer /ɑ̃plwaje/ 21 2.1
en /ɛ̃/ 5 2.2
~ voiture 15 3.1
~ avance 16 3.1
~ soie 17 2.1
Il y ~ a un 4 3.1
Enchanté(e) /ɑ̃ʃɑ̃te/ m./f. 2 1.3

encore /ɑ̃kɔr/ 13 1.1
pas ~ 11 1.4
endroit /ɑ̃drwa/ m. 27 2.2
enfant /ɑ̃fɑ̃/ m. 10 2.1
ennuyer /ɑ̃nɥije/ 28 1.1
ennuyé /ɑ̃nɥije/ p.p. 19 1.3
ensemble /ɑ̃sɑ̃bl/ 20 1.1
entendre /ɑ̃tɑ̃dr/ 15 1.1
entre /ɑ̃tr/ 25 3.1
entrée /ɑ̃tre/ f. 3 3.1
entrer /ɑ̃tre/ 1 2.1
enveloppe /ɑ̃vlɔp/ f. 9 2.1
envie /ɑ̃vi/ f.
J'ai ~ de rester 13 3.1
J'ai ~ d'une voiture 18 1.1
environ /ɑ̃virɔ̃/ 7 3.1
envoyer /ɑ̃vwaje/ 26 1.1
épicerie /episri/ 15 1.2
épicier /episje/ m. 17 3.1
équipe /ekip/ f. 28 2.1
erreur /ɛrœr/ f. 1. 3.2
escalier /eskalje/ m. 25 2.2
Espagne /ɛspaɲ/ f. 21 1.2
espagnol(e) /ɛspaɲɔl/ m./f. 21 1.2
l' ~ 21 1.2
espérer /espere/ 22 2.1
essayer /ɛsɛje/ 13 2.1
essence /ɛsɑ̃s/ f. 10 1.2
prendre de l'~ 10 1.2
est /ɛst/ m. 25 1.1
à l'~ de 25 1.1
est /ɛ/ (de être) 1 2.1
estomac /ɛstɔma/ m. 22 3.2
et /ɛ/ 1 1.1
étage /etaʒ/ m. 11 1.1
étagère /etaʒɛr/ f. 25 3.1
Etats-Unis /ɛtazyni/ m. pl. 21 1.1
été /ete/ m. 25 1.1
êtes /ɛt/ (de être) 1 1.2
être /ɛtr/ 1 2.1
— (aux. du passé composé)
Il est allé au cinéma 5 3.1
études /etyd/ f. 21 3.1
faire des~s 21 3.1
eux /ø/ 5 2.1
évier /evje/ m. 25 3.1
exact(e) /ɛgza(kt)/ m./f. 6 1.1
exactement /ɛgzaktəmɑ̃/ 6 1.2
examen /ɛgzamɛ̃/ m. 30 1.1
Excusez-moi /ɛkskyze mwa/ 4 1.1
exemple /ɛgzɑ̃pl/ m. 29 3.3

F

facile /fasil/ m./f. **15** 3.1
faim /fɛ̃/ f.
  avoir ~ **19** 1.3
faire /fɛr/ **10** 1.1, **10** 1.2, **17** 3.1
  ~ des courses **15** 3.1
  Quelle pointure faites-vous?
    17 2.3
  Il fait beau **20** 3.1
  ~ fonctionner quelque chose
    23 3.3
  ~ l'aller-retour **24** 1.1
  Elle fait 7 mètres sur 5 **25** 2.1
  Il fait soleil **27** 3.1
famille /famij/ f. **1** 1.1
farine /farin/ f. **29** 1.1
fatigué /fatige/ **19** 1.3
faut /fo/
  Il ne ~ pas stationner ici **13** 1.3
  Il ~ 40 minutes **16** 1.1
  Il ~ aller dehors **23** 3.1
femme /fam/ f. **2** 1.2, **2** 2.2
fenêtre /f(ə)nɛtr/ f. **25** 2.1
fermer /fɛrme/ **6** 2.2
  fermé /fɛrme/ pp. **3** 3.1
fermeture éclair /fɛrmətyr eklɛr/ f.
  18 2.2
feutre /føtr/ m. **17** 2.2
fiche /fiʃ/ f. **1** 1.2
fièvre /fjɛvr/ f. **22** 2.2
fille /fij/ f. **2** 1.2
film /film/ m. **8** 2.1
fils /fis/ m. **2** 1.2
finir /finir/ **29** 2.1
fleur /flœr/ f. **13** 3.4
fond /fɔ̃/ m. **14** 1.1
football /futbɔl/ m. **10** 3.1
fort(e) /fɔr(t)/ m./f. **28** 2.2
fourchette /furʃɛt/ f. **25** 3.1
fourrure /furyr/ f. **17** 2.2
fraise /frɛz/ f. **17** 3.1
franc /frɑ̃/ m. **17** 1.1
français(e) /frɑ̃sɛ(z)/ m./f. **1** 1.1
  le ~ **21** 1.1
frère /frɛr/ m. **2** 1.2
frigidaire /friʒidɛr/ m. **25** 3.1
frit(e) /fri(t)/ m.f. **19** 2.3
frites /frit/ f. **9** 1.1
froid(e) /frwa(d)/ m./f. **8** 1.3
  avoir ~ **19** 1.3
fromage /frɔmaz/ m. **9** 1.2

fruit /frɥi/ m. **9** 1.1
fumer /fyme/ **3** 3.1

G

gagner /gaɲe/ **28** 2.1
garage /garaʒ/ m. **9** 3.2, **21** 2.2
garder /garde/ **26** 2.1
gare /gar/ f. **4** 1.1
garer /gare/ **10** 1.2
gâteau /gato/ m. **29** 1.1
gauche /goʃ/ **4** 1.2
  à ~
gens /ʒɑ̃/ f. pl. **22** 1.2
gentil(-le) /ʒɑ̃ti(j)/ m./f. **18** 1.2
gramme /gram/ m. **29** 1.1
grand(e) /grɑ̃(d)/ m./f. **4** 2.2
grillé(e) /grije/ m./f. **19** 2.3
gris(e) /gri(z)/ m./f. **7** 3.1
gros(se) /gro/ɔs/ m./f. **7** 1.1

H

habiter /abite/ **20** 3.1
habitude (d'~) /dabityd/ **20** 1.2
haricot /ariko/ m. **19** 3.1
haut(e) /o(t)/ m./f. **7** 3.1
haut (en~) /ɑ̃o/ **14** 2.1
hauteur /otœr/ f. **7** 3.1
herbe /ɛrb/ f. **7** 2.2
heure /œr/ f. **1** 1.1
  à l'~ **16** 3.1
hier /jɛr/ **15** 1.2
histoire /istwar/ f. **28** 1.2
hiver /ivɛr/ m. **26** 2.1
hommages /ɔmaʒ/ m.
  Mes ~ /mɛzɔmaʒ/ **1** 2.1
homme /ɔm/ m. **2** 2.2
hôpital /opital/ m. **4** 1.2
horreur /ɔrœr/ f.
  J'ai ~ de **28** 1.3
hôtel /otɛl/ m. **4** 2.2
humide /ymid/ m./f. **27** 3.1

I

ici /isi/ **1** 3.2
idée /ide/ f. **13** 3.2
il /il/ **3** 3.1, **5** 1.1
ils /il/ **5** 1.2
il y a /ilija/ **4** 3.2
  ~ (deux ans) **20** 2.2
  Il n'y a pas de quoi /ilnijapadkwa/
    24 3.1

image /imaʒ/ f. **18** 2.1
indicatif /ɛ̃dikatif/ m. **11** 3.2
indiquer /ɛ̃dike/ **14** 3.1
infirmier /ɛ̃firmje/ m., infirmière
  /ɛ̃firmjɛr/ f. **21** 2.2
information /ɛ̃fɔrmasjɔ̃/ f. **14** 2.1
  bureau d'~ **14** 2.1
ingénieur /ɛ̃ʒenjœr/ m. **21** 2.2
instant /ɛ̃stɑ̃/ m. **3** 1.1
interdit(e) /ɛ̃tɛrdi(t)/ m./f. **3** 3.1
international(e) /ɛ̃tɛrnasjɔnal/ m./f.,
  internationaux /ɛ̃tɛrnasjɔno/ pl.
  11 3.3
interprète /ɛ̃tɛrprɛt/ m./f. **21** 2.1
interview /ɛ̃tɛrvju/ m. **30** 3.1
Italie /itali/ f. **21** 1.2
italien(ne) /italjɛ̃/ɛn/ m./f. **8** 3.2

J

jamais /ʒamɛ/ **10** 2.2
janvier /ʒɑ̃vje/ **26** 3.1
jardin /ʒardɛ̃/ m. **5** 2.2
jaune /ʒon/ m./f. **7** 3.2
jeans /dʒinz/ m. pl. **12** 2.1
jeudi /ʒødi/ m. **6** 2.1
jeune /ʒœn/ m./f. **12** 3.3
jouer /ʒwe/ **23** 1.2
  ~ aux échecs **23** 1.2
joueur(-euse) /ʒwœr/øz/ m./f. **28** 2.2
jour /ʒur/ m. **1** 1.1
journal /ʒurnal/ m., journaux
  /ʒurno/ pl. **9** 2.2
journaliste /ʒurnalist/ m./f. **12** 1.1
journée /ʒurne/ f. **24** 1.1
juillet /ʒɥije/ **26** 2.1
jupe /ʒyp/ f. **17** 2.2
jusqu'à /ʒyska/ **14** 3.2

K

kilo /kilo/ m. **17** 3.1
kilomètre /kilɔmɛtr/ m. **7** 3.1

L

la, l' /la/ f. **1** 3.1, **3** 1.1
là /la/ **3** 3.1
là-bas /laba/ **2** 2.2
laine /lɛn/ f. **17** 2.2
laisser /lɛse/ **23** 3.1
lait /lɛ/ m. **8** 3.2
lampe /lɑ̃p/ f. **23** 3.3
langue /lɑ̃g/ f. **21** 2.1

le, l' /lə/ m. **1** 3.1, **7** 8.3, **8** 2.2
  25 francs ~ kilo **17** 3.1
  ~ 25 mars **26** 1.1
  la /la/ f. **1** 3.1, **3** 1.1
  les /lɛ/ pl. m./f. **1** 3.1, **8** 2.2
léger, (ère) /leʒe/ɛr/ m./f. **17** 1.3
légume /legym/ m. **9** 1.2
lent(e) /lɑ̃(t)/ m./f. **18** 1.3
lentement /lɑ̃tmɑ̃/ **24** 2.1
lequel /ləkɛl/, laquelle /lakɛl/ **12** 1.1
lesquels, lesquelles /lekɛl/ **14** 2.1
lettre /lɛtr/ f. **10** 1.2
leur, leurs /lœr/ m./f., pl. **19** 1.2,
  5 2.1, **27** 1.2
lever (se~) /səlve/ **20** 2.2
libre /libr/ m./f. **13** 1.1
lire /lir/ **10** 1.1
  lu /ly/ p.p. **20** 2.2
lit /li/ m. **19** 1.1
litre /litr/ m. **17** 3.1
livre /livr/ f. **17** 3.1
livre /livr/ m. **7** 1.2
loin /lwɛ̃/ **24** 1.1
long(ue) /lɔ̃(g)/ m./f. **7** 3.1
longeur /lɔ̃gœr/ f. **7** 3.1
louer /lwe/
  une chambre à ~ **19** 1.1
lourd(e) /lur(d)/ m./f. **13** 1.2
lui /lɥi/ **5** 2.2
lundi /lɛ̃di/ m. **6** 2.1
lunettes /lynɛt/ f. pl. **12** 2.1

M

ma /ma/ f. **2** 1.3
madame /madam/ f. **1** 1.2
mademoiselle /madmwazɛl/ f. **1** 1.3
magasin /magazɛ̃/ m. **7** 2.1
main /mɛ̃/ f. **12** 1.1
maintenant /mɛ̃tnɑ̃/ **2** 1.1
mais /mɛ/ **1** 1.4
  ~ oui **1** 1.4
maison /mɛzɔ̃/ f. **5** 1.2
mal /mal/ **28** 2.1
mal /mal/ m. **22** 2.1
  avoir ~ **22** 2.1
malade /malad/ m./f. **15** 2.2
  un(e) ~ **22** 1.1
malheureusement /malœrœzmɑ̃/
  17 1.1
maman /mamɑ̃/ f. **17** 2.1
manger /mɑ̃ʒe/ **10** 1.2

manteau /mɑ̃to/ m. **18** 2.2
marché /marʃe/ m. **4** 2.1
marcher /marʃe/ **13** 1.3
  faire ~ quelque chose **23** 3.3
mardi /mardi/ m. **6** 2.1
mari /mari/ m. **2** 1.2
marié(e) /marje/ m./f. **21** 1.1
marron /marɔ̃/ invariable **7** 3.2
match /matʃ/ m. **10** 3.1
matin /matɛ̃/ m. **6** 2.3
matinée /matine/ f. **20** 3.1
mauvais(e) /mɔvɛ(z)/ m./f. **27** 3.1
  Il fait ~ **27** 3.1
me /mə/ **3** 1.3
mécanicien(ne) /mekanisjɛ̃/ɛn/ m./f.
  21 2.2
méchant(e) /meʃɑ̃(t)/m./f. **18** 1.2
médecin /mɛtsɛ̃/ m. **5** 2.2
médicament /medikamɑ̃/ m. **7** 2.3
meilleur(e) /mɛjœr/ m./f. **28** 2.3
même /mɛm/ m./f. **20** 1.1
ménage /menaʒ/ m. **30** 3.1
menu /məny/ m. **9** 3.3
mer /mɛr/ **18** 3.1
  au bord de la ~ **18** 3.1
merci /mɛrsi/ **1** 1.2
mercredi /mɛrkrədi/ m. **6** 2.1
mère /mɛr/ f. **2** 1.1
mes /mɛ/ pl. **5** 3.1
  ~ hommages /mezɔmaʒ/ **1** 2.1
messieurs /mesjø/ m. pl. **3** 3.1
métier /metje/ m. **21** 2.1
mètre /mɛtr/ m. **7** 3.1
métro /metro/ m. **24** 3.3
mettre /mɛtr/ **13** 1.2
  mis(e) /mi(z)/ p.p. **20** 2.2
  se ~ au beau /smɛtrobo/ **27** 3.3
meuble /mœbl/ m. **19** 1.1
midi /midi/ m. **16** 1.3
mien (le~) /ləmjɛ̃/ m., mienne (la~)
  /lamjɛn/ f. **27** 1.1
mieux /mjø/ **22** 2.1
mille /mil/ m. **17** 1.1
mince /mɛ̃s/ m./f. **12** 3.3
minuit /minɥi/ **16** 3.2
mis(e) /mi(z)/ p.p. de mettre **20** 2.2
moderne /mɔdɛrn/ m./f. **8** 2.3
moi /mwa/ **1** 2.1
  ~ aussi /mwaɔsi/ **8** 1.1
  ~ non plus /mwanɔ̃ply/ **8** 1.1
moins /mwɛ̃/ **6** 1.1

Il est dix heures ~ le quart **6** 1.1
  ~ ... que ... **12** 3.3
  le ~ ... **24** 2.2
mois /mwa/ m. **18** 3.1
moment /mɔmɑ̃/ m. **10** 1.2
  en ce ~ **10** 2.2
mon /mɔ̃/ m. **2** 1.3
  ma /ma/ f. **2** 1.3
  mes /mɛ/ pl. **5** 3.1
monde /mɔ̃d/ m. **18** 3.1
monnaie /mɔnɛ/ f. **9** 2.1
monsieur /məsjø/ m. **1** 1.2
  messieurs /mesjø/ m. pl. **3** 3.1
montagne /mɔ̃taɲ/ f. **7** 3.1
monter /mɔ̃te/ **11** 1.1
  ~ à bicyclette **23** 2.1
montre /mɔ̃tr/ f. **17** 1.1
montrer /mɔ̃tre/ **13** 2.1
moutarde /mutard/ f. **7** 1.2
musique /myzik/ f. **8** 1.3
  ~ pop **8** 1.3

N

nager /naʒe/ **23** 2.1
naître /nɛtr/ **26** 1.3
  Quand êtes-vous né(e)? **26** 1.3
nationalité /nasjɔnalite/ f. **1** 1.1
ne ... pas /nə pa/ **2** 2.1
ne ... plus /nə ply/ **17** 2.1
neige /nɛʒ/ f. **27** 3.1
neiger /nɛʒe/ **27** 3.1
neuf /nœf/ m., neuve /nœv/ f. **8** 1.3
noir(e) /nwar/ m./f. **7** 3.2
nom /nɔ̃/ m. **1** 1.1
non /nɔ̃/ **1** 1.4
nord /nɔr/ m. **5** 3.2
  au ~ de **25** 1.1
notre /nɔtr/ m./f. **27** 1.2
  nos /no/ m./f. pl. **10** 1.1
nôtre (le~, la~) /lənotr/ **27** 1.2
nourriture /nurityr/ f. **29** 3.3
nous /nu/ **5** 2.2
nouveau, nouvel /nuvo, nuvɛl/ m.
  8 2.1
  nouvelle /nuvɛl/ f. **8** 3.2
novembre /nɔvɑ̃br/ m. **26** 3.1
nuage /nɥaʒ/ m. **27** 3.1
nuageux(-euse) /nɥaʒø/øz/ m./f. **27** 3.1
nuit /nɥi/ f. **10** 3.1
numéro /nymero/ m. **1** 3.1
nylon /nilɔ̃/ m. **17** 2.2

O

obligé(e) /ɔbliʒe/ m./f. **23** 3.1

objet /ɔbʒe/ m. **13** 1.2

œuf /œf/ m., des œufs /dezø/ m. pl.
19 2.2

Oh /o/ **1** 1.4

on /ɔ̃/ **3** 3.1

orange /ɔrɑ̃ʒ/ f. **7** 1.3

orange /ɔrɑ̃ʒ/ (couleur) invariable
7 3.2

ou /u/ **8** 3.1

où /u/ **4** 1.1

oublier /ublije/ **29** 1.1

ouest /wɛst/ m. **25** 1.2

oui /wi/ **1** 1.3

ouvert(e) /uvɛr(t)/ m./f. **3** 3.1

ouverture /uvɛrtyr/ f. **6** 2.2

ouvrier(-ère) /uvrije/ɛr/ m./f. **30** 2.2

ouvrir /uvrir/ **6** 2.2

P

pain /pɛ̃/ m. **19** 2.2

paire /pɛr/ f. **8** 2.3
    une ~ de chaussures **8** 2.3

panneau /pano/ m. **13** 1.3

pantalon(s) /pɑ̃talɔ̃/ m. **17** 2.2

papier /papje/ m. **19** 1.1

paquet /pakɛ/ m. **7** 1.1

par /par/ **3** 3.1

parapluie /paraplɥi/ m. **27** 1.2

parc /park/ m. **5** 2.2

parce que /parsk(ə)/ **18** 1.1

pardon /pardɔ̃/ **1** 1.4
    Oh, ~ **1** 1.4

parent /parɑ̃/ m.
    les ~s **5** 2.2

parfait(e) /parfɛ(t)/ m./f. **28** 3.2

parfum /parfɛ̃/ m. **7** 1.1

parler /parle/ **11** 2.1

part /par/ f.
    De la ~ de qui? **10** 2.1

partir /partir/ **6** 3.1

parking /parking/ m. **4** 1.2

pas /pa/
    ne ...~ /nə pa/ **2** 2.1
    ~ de (+ nom) **4** 3.2
    ~ du tout **8** 1.1
    ~ mal **8** 2.1
    ~ encore **11** 1.4

passe /pas/ f. **28** 2.1

passeport /paspɔr/ m. **3** 1.2

passer /pase/ **3** 3.1
    ~ la nuit **9** 3.1
    ~ qqun à qqun **11** 2.1

pâté /pate/ m. **9** 1.1

payer /pɛje/ **17** 1.2

pays /pɛi/ m. **11** 3.3

pêche /pɛʃ/ f. **19** 3.1

pendant /pɑ̃dɑ̃/ **16** 1.2

penser /pɑ̃se/ **7** 3.3

perdre /pɛrdr/ **28** 2.1
    ~ sa place **30** 2.1

père /pɛr/ m. **2** 1.2

personnel(le) /pɛrsɔnɛl/ m./f. **5** 2.1

petit(e) /p(ə)ti(t)/ m./f. **7** 1.1,
12 3.1

peu /pø/ **29** 1.2
    un ~ **20** 3.1

peut-être /pøtɛtr/ **7** 3.3

pharmacie /farmasi/ f. **5** 1.2

photo /foto/ f. **23** 3.1
    prendre une ~ **23** 3.1

piano /pjano/ m.
    jouer du ~ **28** 1.3

pièce /pjɛs/ f. **17** 1.2, **25** 2.1
    5 francs ~ **17** 3.2

pied /pje/ m.
    à ~ **24** 2.2

place /plas/ f. **13** 1.1

plaire /plɛr/ **28** 1.1
    plu /ply/ p.p. **28** 1.2
    Ça me plaît **28** 1.1

plaisir /plɛzir/ m. **13** 2.1

plan /plɑ̃/ m. **4** 1.3

plastique /plastik/ m. **17** 2.2

pleuvoir /pløvwar/ **27** 3.1

plu /ply/ p.p. de plaire **28** 1.2

plu /ply/ p.p. de pleuvoir **27** 3.1

pluie /plɥi/ f. **27** 3.1

plus /ply/
    Le ~ /ləply/ **4** 1.3
    ~ ... que ... **12** 3.3
    ne ... ~ **17** 2.1
    ~ de ... **17** 2.1

plusieurs /pluzjœr/ **27** 2.1

pluvieux(-euse) /plyvjø/øz/ m./f.
27 3.1

point (à~) /apwɛ̃/ **19** 2.3

pointure /pwɛ̃tyr/ f. **17** 2.3

poire /pwar f. **19** 3.1

pois /pwa/ m. **19** 3.1

poisson /pwasɔ̃/ m. **9** 1.1

poivre /pwavr/ m. **7** 1.3

police /pɔlis/ f. **20** 2.1

pomme /pɔm/ f. **7** 1.3

pomme de terre /pɔmdətɛr/ f.
17 3.1
    ~ bouillie **19** 2.3

porte /pɔrt/ f. **25** 2.2

porter /pɔrte/ **3** 2.2, **12** 1.1

Portugal /pɔrtygal/ m. **21** 1.2

portugais(e) /pɔrtygɛ(z)/ m./f.
21 1.2

poser /poze/
    ~ une question **22** 1.1

possible /pɔsibl/ m./f. **3** 1.2

poste /pɔst/ f. **4** 1.2

poste /pɔst/ m.
    ~ de police **4** 1.2
    ~ de télévision **18** 2.1

pot /po/ m. **25** 3.1

pouce /pus/ m. **17** 2.1

poulet /pulɛ/ m. **19** 2.2

pour /pur/ **3** 2.1, **7** 1.1
    ~ + infinitif
    ~ mettre tout ça **19** 3.1

pourquoi /purkwa/ **10** 1.1

pouvoir /puvwar/
    pu /py/ p.p. **20** 2.2
    Je peux la voir **3** 1.1
    Vous pouvez attendre? **3** 1.2
    Les hommes peuvent ... **3** 3.1

préférer /prefere/ **8** 3.1

premier(-ière) /prəmje/ɛr/ m./f.
4 2.1

prendre /prɑ̃dr/ **3** 2.1
    ~ un repas **10** 1.2
    ~ des vacances **26** 2.1

prénom /prenɔ̃/ m. **1** 1.1

près /prɛ/ **4** 1.2
    ~ de **4** 3.1

présenter /prezɑ̃te/ **12** 1.3

presque /prɛsk/ **29** 2.1

prêter /prɛte/ **9** 2.2

printemps /prɛ̃tɑ̃/ m. **26** 2.2
    au ~ **26** 2.2

privé(e) /prive/ m./f. **13** 1.3

prix /pri/ m. **8** 1.1

probablement /prɔbabləmɑ̃/ **27** 3.3

problème /prɔblɛm/ m. **16** 1.1

proche /prɔʃ/ m./f. **4** 1.3

prochain(e) /prɔʃɛ/ɛn/ m./f. **6** 3.2

profession /prɔfesjɔ̃/ f. **21** 2.4

programme /prɔgram/ m. **8** 1.2
promener (se~) /səprɔmne/ **13** 3.2
proposer /prɔpɔse/ **26** 2.1
propre /prɔpr/ m./f. **9** 1.2
pu /py/ p.p. de pouvoir **20** 2.2
puis /pɥi/ **20** 2.1

Q

quand /kã/ **6** 3.1
quart /kar/ m. **6** 1.1
quartier /kartje/ m. **27** 2.1
quatrième /katrijɛm/ m./f. **4** 2.1
quel m., quelle f. /kɛl/ **2** 3.1
quelque chose /kɛlkəʃoz/ **7** 1.1
quelquefois /kɛlkəfwa/ **10** 2.1
quelques /kɛlk/ pl. **21** 1.1
quelques-uns/unes /kɛlkəzɛ̃/yn/ pl.
   29 1.2
qui /ki/ **1** 3.3, **18** 2.1
   ~ est à l'appareil /kiɛtalaparɛj/
    1 3.3
   celui ~ /səlɥi ki/ **18** 2.1
quitter /kite/ **26** 1.3
quoi /kwa/ **29** 1.1

R

radio /radjo/ f. **10** 1.2, **17** 1.3
raison /rɛzɔ̃/
   avoir ~ **24** 1.1
rapide /rapid/ m./f. **18** 1.1
rarement /rarmã/ **10** 2.1
rayon /rɛjɔ̃/ m. **14** 2.1
réception /resɛpsjɔ̃/ f. **1** 2.3
réceptionniste /resɛpsjɔnist/ m./f.
   21 2.1
recevoir /rəsəvwar/ **30** 1.2
   reçu /rəsy/ p.p. **30** 1.2
regarder /rəgarde/ **3** 3.1
regretter /rəgrɛte/ **13** 1.1
rendez-vous /rãdevu/ m. **5** 3.5
renseignement /rãsɛɲmã/ m. **4** 2.2
rentrer /rãtre/ **15** 1.1
réparer /repare/ **20** 3.1
repas /rəpa/ m. **10** 1.2
   prendre un ~ **10** 1.2
répondre /repɔ̃dr/ **3** 2.2
repos /rəpo/ m. **19** 1.2
reposer (se~) /sər(ə)poze/ **22** 3.1
reprendre /rəprãdr/ **10** 3.1
réserver /rezɛrve/ **27** 2.1
restaurant /rɛstɔrã/ m. **4** 3.1

rester /rɛste/ **10** 3.1, **29** 1.1
   Il m'en reste plusieurs **29** 1.1
retard /rətar/ m.
   en ~ **15** 3.1
   avoir du ~ **16** 3.1
retourner (se~) /sər(ə)turne/ **20** 2.1
réunion /reynjɔ̃/ f. **5** 2.2
revenir /rəv(ə)nir/ **11** 1.4
   revenu /rəv(ə)ny/ p.p. **15** 3.2
revoir /rəvwar/ **24** 1.1
   revoir (au~) /ɔr(ə)vwar/ **11** 2.2
revue /rəvy/ f. **9** 2.2
rez-de-chaussée /rɛdʃose/ m. **14** 1.3
rhume /rym/ m. **22** 2.2
rien /rjɛ̃/ **1** 3.2
rivière /rivjɛr/ f. **7** 2.1
robe /rɔb/ f. **8** 1.2
roman /rɔmã/ m.
   ~ policier **28** 1.2
romanche /rɔmãʃ/ m. **21** 3.3
rond-point /rɔ̃pwɛ̃/ m. **24** 3.2
rosé /roze/
   (vin) ~ **19** 3.1
rôti(e) /roti/ m./f. **19** 2.3
rouge /ruʒ/ m./f. **7** 3.2
route /rut/ f. **7** 2.1
   indiquer la ~ de … **24** 2.2
rue /ry/ f. **2** 3.1

S

sa /sa/ f. **2** 2.2
sac /sak/ m. **7** 1.2
saignant(e) /sɛɲã(t)/ m./f. **19** 2.3
salade /salad/ f. **9** 1.1
sale /sal/ m./f. **27** 2.2
salle /sal/ f.
   ~ de bains **25** 2.1
   ~ à manger **25** 2.1
salon /salɔ̃/ m. **5** 2.2
   ~ de coiffure **22** 1.2
samedi /samdi/ m. **6** 2.1
sans /sã/ **16** 2.1
   ~ payer **23** 3.1
satisfait(e) /satisfɛ(t)/ m./f.
   Vous en êtes~? **18** 1.1
sauce /sos/ f. **19** 2.3
   en ~ **19** 2.3
savoir /savwar/
   Je ne sais pas **4** 2.2
savon /savɔ̃/ m. **7** 1.2
se /sə/ **13** 1.2

secrétaire /səkretɛr/ f./m. **1** 1.2
   ~ de direction **30** 1.1
séjour /seʒur/ m. **25** 2.1
sel /sɛl/ m. **7** 1.3
semaine /səmɛn/ f. **6** 2.3
sens interdit /sãs ɛ̃tɛrdi/ m. **3** 3.1
sentir (se~) /səsãtir/ **22** 2.1
serveur(-euse) /sɛrvœr/øz/ m./f.
   21 2.2
seulement /sœlmã/ **26** 2.1
shampooing /ʃãpɔɛ̃/ m. **7** 2.3
si /si/ **7** 1.1, **16** 3.2
s'il vous plaît /silvuplɛ/ **1** 1.2
siège /sjɛʒ/ m. **13** 1.2
sien (le~) /ləsjɛ̃/ m. **27** 1.2
   sienne (la~) /lasjɛn/ f. **27** 1.2
signer /siɲe/ **3** 1.2
silencieux(-euse) /silãsjø/z/ m./f.
   18 1.1
ski /ski/ m. **26** 2.1
skier /skije/ **26** 2.1
société /sɔsjete/ f. **5** 2.1
sœur /sœr/ f. **2** 1.2
soie /swa/ f. **17** 2.1
soif /swaf/ f.
   avoir ~ **19** 1.3
soigner /swaɲe/ **22** 1.1
soir /swar m. **6** 2.3
   ce ~ **20** 3.1
soirée /sware/ f. **5** 2.3, **20** 1.1
sol /sɔl/ m. **25** 3.1
soleil /sɔlɛj/ m. **27** 3.1
sommeil /sɔmɛj/ m. **19** 1.2
son /sɔ̃/ m. **2** 2.1
sont /sɔ̃/ **5** 1.2
sortie /sɔrti/ f. **3** 3.1
sortir /sɔrtir/ **3** 3.1
soucoupe /sukup/ f. **25** 3.1
sous /su/ **13** 1.2
souvenir (se~de) /səsuvnirdə/
   26 1.1
   Tu ne t'en souviens pas! **26** 1.1
souvent /suvã/ **10** 2.1
soyez /swaje/ imper. 2° pers. de être
   6 3.1
sport /spɔr/ m. **14** 2.1
stationnement /stasjɔnmã/ m. **3** 3.1
stationner /stasjɔne/ **3** 3.1
stylo /stilo/ m. **9** 1.2
sucre /sykr/ m. **29** 1.1
sud /syd/ m. **25** 1.2

Cartoons by G. Pichard

Photography by Brendan Hearne

We are also grateful to the following for permission to reproduce photographs:
Centre Georges Pompidou, Musée national d'art moderne, page 35 right; Keith Gibson, page 32 right; Brendan Hearne, cover.

LONGMAN GROUP LIMITED
Longman House
Burnt Mill, Harlow, Essex CM 20 2J E, England
and Associated Companies throughout the World

© Longman Group Limited 1985
All rights reserved; no part of this publication may
be reproduced, stored in a retrieval system, or
transmitted in any form or by any means, electronic,
mechanical, photocopying, recording or otherwise,
without the prior written permission of the
Publishers.

First published 1985
ISBN 0 582 35282 7

Set in 10 on 12pt Linotron Plantin

Produced by Longman Group (F.E.) Limited.
Printed in Hong Kong